Luciano Cordeiro

DE LA DÉCOUVERTE

DE

L'AMÉRIQUE

IN RECTO DECUS

SOCIÉTÉ DE GÉOGRAPHIE
DE LISBONNE

(SOCIEDADE DE GEOGRAPHIA
DE LISBOA)

LISBONNE
PACHECO & CARMO, LIBRAIRES-ÉDITEURS
136, Rua do Ouro, 138

PARIS
VEUVE J. P. AILLAUD, GUILLARD & C.º
47, Rue Saint André des Arts, 47

1876

DE LA PART PRISE PAR LES PORTUGAIS

DANS LA

DÉCOUVERTE DE L'AMÉRIQUE

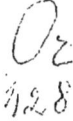

OUVRAGES DE L'AUTEUR

Sim. Opusculo anti-iberico.
A ordem do dia.
Primeiro Livro de Critica.
Segundo livro de Critica.
Sciencia e consciencia.
Da litteratura como revelação social.
Á hora da féria.
O Casamento dos Padres.
Dos bancos portugueses.
Da Revolução.
O Real Collegio Militar. *(Ed. off.)*
Thesouros d'Arte.
Viagens: *Hespanha e França.*
Viagens: *França, Baviera, Austria e Italia.*
Juanita Ximenez, trad.

REVISTA DE PORTUGAL E BRASIL

DIRECTORES: Os professores Luciano Cordeiro, e Rodrigo Affonso Pequito.

DE LA PART PRISE PAR LES PORTUGAIS

DANS LA DÉCOUVERTE

DE

L'AMÉRIQUE

LETTRE AU CONGRÈS INTERNACIONAL

DES AMERICANISTES

(PREMIÈRE SESSION—NANCY—1875)

PAR

LUCIANO CORDEIRO

de l'Institut de Coimbra

etc.

LISBONNE	PARIS
Pacheco & Carmo, libraires-éditeurs	Veuve J. P. Aillaud, Guillard & C.º
136, Rua do Ouro, 138	47, Rue Saint André des Arts, 47

1876

LISBONNE
IMPRIMERIE DE CHRISTOVÃO AUGUSTO RODRIGUES
145, Rua do Norte, 145

MESSIEURS

I

La découverte de l'Amérique est un fait si important dans l'histoire moderne, elle est entourée de ténèbres si épaisses et les travaux concernant cette seconde découverte, pour ainsi dire, des vieilles civilisations et des anciennes races américaines, sont si incomplets, que votre congrès doit nécessairement appeler l'attention sympathique des amis de l'étude et recevoir une approbation unanime en vue de la nouvelle impulsion qu'il vient donner aux investigations et à l'observation de si nombreux problèmes.

Dans l'obscur éloignement de mes travaux scientifiques j'ai ressenti une véritable joie en lisant l'annonce et le programme de votre réunion. Je désirerais pouvoir aller personnellement m'éclairer de vos lumières; je ne le puis, malheureusement. J'aurais souhaité de vous porter moi-même le modeste contingent des faits pris dans l'histoire et les traditions du Portugal qui fut la seconde patrie de Colomb, le pays de sa femme, l'école et le laboratoire de son génie, mais le manque de temps m'en a empêché. Permettez toutefois, Messieurs, qu'à mes humbles autant que sincères félicitations, je joigne en quelques traits de plume des informations qui, tout insignifiantes qu'elles puissent être, ne seront peut-être pas complétement perdues et inutiles à la formation d'un sain jugement sur l'histoire de la découverte du Nouveau-Monde.

La science, Messieurs, n'a point de patrie, je le sais. Cette religion de la vérité ne connaît d'autres limites que celles de la vérité même; mais c'est justement pour cela que la science ne peut être injuste et si elle doit s'affranchir des nobles passions des individus elle ne doit pas non plus tomber dans les défauts de ces mêmes passions. Dans la science l'injustice représente une lacune ou un vice de l'exercice critique, et celui qui en souffre le plus n'est pas celui sur qui retombe cette injustice mais bien la science elle-même qui l'a commise. Si elle a négligé d'approfondir certains faits, si elle a établi son verdict sur des données insuffisantes ou fausses, tant pis pour elle. Or, la géographie historique, Messieurs, a été parfois fort injuste pour ce petit pays qui a ouvert la moitié du monde à l'autre moitié. Les autres nations ont des gloires en assez grand nombre et dont elles peuvent à bon droit s'enorgueillir pour qu'il ne leur soit point nécessaire de priver le Portugal de celle qui lui donne droit à une place dans l'histoire de la civilisation. Pardonnez-moi cet épanchement, vous qui savez aimer et honorer votre patrie sans que cet amour obscurcisse ou égare votre amour pour la science, c'est-à-dire, votre amour de la vérité.

Dans ce fait même de la découverte de l'Amérique, on trouve un exemple de ce que je viens d'avancer. On a écrit que le Portugal avait dédaigné, par une vaniteuse ignorance, ce que l'on suppose avoir été la conception du Nouveau-Monde par Colomb. On a montré sous les couleurs les plus sombres la science dédaignée par l'aveuglement et le fanatisme, dans le fait du rejet du dessein de Colomb par le roi Jean II et par ses conseillers; on a même été jusqu'à affirmer que le roi de Portugal avait abusé de la franchise du grand navigateur et avait clandestinement fait partir une escadre dans le but de lui ravir la gloire de sa découverte. Vous savez cela, Messieurs, et naturellement vous savez aussi que toutes ces assertions sont fausses. Et quoique ceci m'éloigne du sujet de ma lettre, permettez-moi de vous rappeler certains faits malheureusement peu connus ou fort dénaturés.

Le roi Jean II fut un des monarques les plus intelligents et les plus entreprenants de son époque; les histoires du temps, les actes de son règne en font foi. Tout en réalisant en Portugal une des plus grandes révolutions politiques de l'histoire moderne, la centralisation du pouvoir royal, il poursuivait avec une constance et une audace remarquables les travaux de la navigation et préparait la découverte de l'Inde. Sans doute cette révolution politique et les moyens terribles employés à sa réalisation n'en font pas un roi sympathique à nos sentiments libéraux d'aujourd'hui, cependant la critique historique ne peut méconnaître la grandeur fatale de ce monarque. Mais Jean II accomplit une autre révolution qui importe davantage au sujet que nous traitons; il augmenta les faibles moyens et les ressources dont l'art de la navigation pouvait disposer, il stimula les découvertes, les relations et la connaissance des terres ignorées, protégea l'étude de la cosmographie, etc. [1]

---

[1] Ruy de Pina: *Chron.* — A. de Resende: *Chron.* — Barros: *Dec.* — Mariz: *Dial.* — Silva: *De rebus gestis Joannis II.* — Faria e Sousa: *Asia port.* etc. — Castanheda: *Desc.* — A. Galvão: *Trat. dos Desc.* — C. Colomb (Lettre aux roys cath. apud. Navarrete) — Vasconcellos: *Vida y acciones*, etc. — Bernaldez: *M. de los reys cath. MSS.* — Las Casas: *Hist. de las Indias MSS.* — G. Murr: *Hist. dipl. de Martin de Behaim.* — A. R. dos Santos: *sobre alguns math. portug.* (mm. de Litt. port. v. 8); *sobre a nov. da nav. port. no sec. XV* (Ib.). — S. F de M. Trigoso: *sobre Martin Behain* (mm. de Litt. port. 8), *sobre o desc. e com. dos port.* (Ib.); Stockler:

Je dois ici rappeler en passant quels furent les conseillers de Jean II qui rejetèrent le projet de Colomb. Ce projet fut soumis à D. Diogo d'Ortiz, évêque, et aux *maîtres* Rodrigo et Joseph, physiciens (*physicos*), comme on les appelait alors, ou médecins du roi. A première vue aucun conseil ne semble plus incompétent et plus bizarre: un évêque et des médecins, un prêtre catholique et un juif, et cependant ce prêtre et ces médecins étaient des premiers cosmographes et des plus savants géographes de l'époque, ils étaient les collègues de Martin Behain, autre cosmographe du roi de Portugal et l'auteur du célèbre *Globe* de Nuremberg; ils furent les collaborateurs de l'infant D. Henri, le *Navigateur*, ses confidents et ses conseillers. Maître Joseph et maître Rodrigo furent les savants que le roi chargea d'étudier la manière de naviguer au large en prenant la

orig. e prog. dos math. em Port.—Quintella: *Ann. da Mar. port.*—Humboldt: *Exam. crit. sur l'hist* etc.—Visc. de Sant.: *Prior.*—Id.: *Recherches sur Americ Vespucc*, etc.—Walckenaer; *Rech. et Hist. gen*—Jal, (vid. Sant. note 23, *Prior.*); —F. Denis: *His. du Port.*—Avezac; Clarke, etc. etc.

«Foy Rey de mui alto, esforçado e sofrido coraçam, que lhe fazia sospirar por grandes, e estranhas empresas; polo qual com quanto seu corpo pessoalmente em seus Reynos andasse polos bem reger como fazia, porem seu espirito sempre andava fora d'elle com desejo de os acrescentar.» Ruy de Pina, *Chron.* Cap. LXXXII.

«... El Rey Dom Joham o segundo... como gram catolico e muy solicito investigador dos segredos do mundo, desejando proseguir o descobrimento da Costa do mar Oceano contra o meio dia e Oriente que seus Antecessores... primeiro que nenhus do Mundo emprenderam, e começaram...» *Ib.* Cap. LVII.

«E... mandou armar sua frota pera que segundo sua ordenança ouvesse de proseguir ho dicto descobrimento de mais terras novas.» *Ib.*

«E foy o primeiro que ordenou o descobrimento da India.» *Resende, Chron.*

«De como el Rey secretamente mandaua descobrir a India por terra: Polo muyto grande desejo que El-Rey tinha do descobrimento da India que com grande cuydado pollo mar mandou descobrir...» *Ib.*

«Pollos grandes desejos que el-Rey sempre teve do descobrimento da India, no que muyto tinha feyto e descuberto *ate alem* do cabo de boa esperança. Tinha concertada e prestes ha armada pera descubrila, com os regimentos feytos e por Capitam môr della Vasco da Gama, fidalgo de sua casa e por fallecimento del-Rey a dita armada nam partio.» *Ib.*

«Dóde tomado El-Rei com os cosmographos deste reyno a tauoa geral de Ptholomeu da descripção de toda Africa e os padroes da costa della segundo per os seus descobridores estauão arrumados, e assi a distancia...» *Barros, Dec. I.*

«Nuestro Senor milagrosamente me envió acá porque fui á aportar á Portugal adonde el Rey de alli entendia en el descubrir mas que otro alguno.» *Lettre de Colomb aux roys cath.*, 1505, *apud Navarr.*

hauteur du soleil; ils furent les principaux auteurs des tables de déclinaison solaire, les inventeurs ou les réformateurs de l'astrolabe, c'est-à-dire, les promoteurs de la navigation moderne. [2] Ortiz étudiait le problème de la découverte de l'Inde et conseillait une route contraire à celle qu'indiquait Colomb. [3] Le temps lui donna raison. Sous sa direction fut dressée la carte qui servit à Pero de Covilhan et à Alphonse de Paiva pour la prétendue découverte de Preste Jean, [4] expédition fort intéressante pour l'histoire de la géographie. [5]

Ils furent consultés comme cosmographes et, en cette qualité, ils discutèrent les propositions de Colomb. Martin Behain ou comme l'appellent nos chroniqueurs, Martin de Bohême (*Martim de Bohemia*), également cosmographe du roi, établi et marié en Portugal, n'était pas ici à cette époque; il est présumable toutefois que, quoique ami de Colomb [6] et ayant eu lui-

---

[2] Barros, Mariz, M. T. da Silva, A. R. dos Santos, Trigoso, Stockler, Murr, Montucla, Cladera, etc.
――― Colomb avait appris en Portugal à naviguer en prenant les hauteurs du soleil, ce qui ne fut pas tout-à-fait sans importance pour sa découverte. Toutefois, quelques historiens ont dit qu'il fut l'inventeur de ce procédé! Mais Navarrette en rendant aux cosmographes portugais ce qui leur revient dit :
«Este hecho indutable, apoyado por los historiadores mas exactos, demuestra que no fué Colon quien inventó la aplicacion ó uso del astrolabio en la mar, como lo asegura el sr. Casoni en sus Anales de Génova y parece apoyarlo el sr. Bossi en su Illustr. 18 á la Vida de Colon.»
[3] Witfliet : *Descrip. Ptolomaicæ aug.*—Castanheda,—F. Alvares,—A. R. dos Santos, etc.
[4] Mariz,—A. R. dos Santos, etc.
[5] «De como el Rey secretamente, etc. : Pollo muyto grande desejo que el Rey tinha do descobrimento da India... o quis tambe fazer por terra e neste anno de 86 mandou hum Affonso de Payva, natural de Castello Branco e outro Joam de Couilham homens aptos para isso e de que confiava, aos quaes deu largas despezas por letras para muytas partes e suas estruções para por via de Jerusalem ou pollo Cayro passarem a terra do Preste Joam.» Resende : *Chron.* cap. LX. *Vid. Barros, Dec.* 1, liv. III, F. Denis, *Hist. du Port.*, etc.
[6] Herrera, etc.
――― Cependant Herrera dit :
«D. Christoval Colon, primer Almirante de las Indias... *con el consejo de Martin de Bohemia, portugués natural de la isla del Fayal* (c'est un équivoque)... con quien comunicó, dio principio al descubrimiento... *Desc. de las islas y tierra firme, Cap. I.*

même, ainsi que quelques-uns l'assurent, l'idée de l'existence de l'Amérique, [7] il n'approuva point le projet de Colomb. Mais en quoi consistait ce projet; pourquoi fut-il rejeté? Il consistait, ainsi que l'assurent les chroniqueurs les plus dignes de foi et ainsi que ce navigateur l'avoue lui-même, à aller vers l'occident à la recherche de l'île Cypango, du Cathay, etc. dont les légendes et les récits fantastiques des anciens navigateurs avaient frappé son esprit. [8] Bernaldes, son ami, assure qu'il lisait beaucoup Ptolémée et Jean de Mandeville. [9] Dans un voyage au nord, Colomb dit avoir été à l'île de Thulé. [10] (*Thyle* de Senèque, Pline, Jordanes, *Thule* de Pythear, de Priscien, de Moïse de Khoren?) A son arrivée à Lisbonne, après la découverte des Antilles, il se vante d'avoir découvert le *Cypango*. [11] Colomb avait-il exposé devant les conseillers portugais tout ce qu'il savait, tous les éléments de réussite sur lesquels il comptait, toutes les informations qu'il avait recueillies? Il est presque hors de doute qu'il ne le fit point. Barros [12] raconte que le conseil avait rejeté le projet parce

---

[7] Stuvenio: *De vero novi orbis inv.*—Doppolmayr: *Hist. Nach. von Nurnb. math.*—Vangeinseil.—Otto.—J. B. Riccioli, Moreri, cit. A. R. dos Santos, I. Wash, etc.
[8] R. de Pina, Resende, Barros, etc.
[9] *Mem. de los Reys cath.* cit. V. de Sant. *Recherches*, etc.
[10] En 1477 apud F. Colomb, en 1467 apud Barrow et Munoz. C'est l'Islande dans l'opinion de Dicuil, et la Mayuland dans celle de Humboldt, Anville, Marmert, etc.
[11] R. de Pina, Resende, Barros, Gomera, etc.
[12] Il n'est pas vrai que Barros eût quelque prévention contre Colomb. Où est-elle, cette prévention? Pourquoi Barros l'aurait-il ressentie? Barros est un des premiers, des plus laborieux et des plus intelligents historiens non-seulement du Portugal mais encore de la Péninsule et même de l'Europe au XVIe siècle. Il puisa à des sources antérieures et authentiques et son autorité ne peut être mise en doute. Il dit que Colomb était «*esperto, elocuente e bom latino*» (trés *erudit*) et il s'étend moins longuement que Herrera et d'autres historiens espagnols sur les indications reçues par Colomb en Portugal. Après tout, on peut comparer ce qu'il dit du rejet des projets de Colomb en Portugal avec ce qu'en ont dit d'autres écrivains sur le rejet par les différents gouvernements.

«Com as quaes imaginações que lhe deu a continuação de navegar e pratica dos homens desta profição que auia neste reyno muy espertos com os descobrimentos passados, veo requerer a el Rey dõ João que lhe desse algus navios pera ir descobrir a ilha de Cypango per este mar occidental. Não confiado tanto em o que tinha sabido (ou por milhor dizer sonhado) d'algũas ilhas occidentaes como querem dizer

que tous les conseillers considéraient comme pure vanité les paroles de Christophe Colomb qui ne s'appuyait que sur des fantaisies concernant l'île de Cypango, de Marc Paolo. André Bernaldez dit que l'on n'écouta point Colomb parce que le roi

> alguns escriptores de Castella quanto na experiencia que tinha em estes negocios serem mui acreditados os estrangeiros. Assi como Antonio de Nolle, seu natural, o qual tinha descuberto a ilha de Santiago de que seus successores tinham parte da Capitania: e hum João Baptista Francez de nação tinha a ilha de Mayo e los Dutra Framengo outra do Fayal. E per esta maneira, ainda que maes não achasse que algua ilha herma, segundo logo erão mandadas pouoar: ella bastava pera satisfazer a despeza que com elle fizessem. Esta he mais certa causa de sua empresa que alguas fiçães (que como dissemos) dizem escriptores de Castella, e assi Hyeronimo Cardano, medico Milanez, barão certo, docto e ingenioso: mas em este negocio mal informado. Porque escreue em o livro que compos de sapiencia que a causa de Colom tomar esta empreza foi d'aquelle dito de Aristoteles que no mar Oceano alem de Africa auia terra pera á qual nauegavam os Cartaginenses, e por decreto publico foi defeso que ninguem nauegasse para ella porque com abastança e mollicias della se não apartassem das cousas do exercicio da guerra. El Rey porque via ser este Christovão Colom homem fallador e glorioso em mostrar suas habilidades e maes fantastico e de imaginações cõ sua ilha Cypãgo que certo no que dizia: dava-lhe pouco credito. Cõ tudo á força de suas importunações, mandou que estivesse com dom Diogo Ortiz, Bispo de Cepta e com mestre Rodrigo e mestre Josepe, aquem elle cometia estas cousas de cosmographia e seus descobrimentos, e todos ouuerão *por vaidade as palavras de Christovão Colom por tudo ser fundado em imaginações e cousas da Ilha Cypãgo de Marco Paulo e não em o que Hyeronimo Cardano diz.* » Barros, Dec. I liv. III cap. XI.

===== Eh bien! qu'ont dit les écrivains les plus favorables à Colomb; qu'ont révélé, Casas, Gallo, Oviedo, Gomara, Herrera, Garibay, etc?

« ... ofreciendose á le dar (au roi de Angleterre) *muchos tesoros en acrescentamiento de su corona y Estado...* Informado el rey de sus consejeros y de personas á quien el cometió la examinacion desto: *burló de quanto Colon decia é tuvo por vanas* sus palabras.» Oviedo.

« Los dos Reys y los duques (le roi d'Angleterre, le roi du Portugal, les ducs de Medina Sidonia et de Medina Celi) *teniendo a Colon por ytaliano burlador* y no queriendo condescender a sus ruegos y instancias, vino por ultimo...» Garibay: *Comp. Hist. de las Chr.*

===== Garibay dit aussi que Colomb était «*muy enojadizo.*»

«Ca se contradizia el licenciado Calçadilha o bispo que fue de Vizeu y un mestre Rodrigo, ombres de credito en cosmografia. E los quales porfiavam *que ni avia ni podia haber oro. Ni otra riqueza* al ocidente como afirmava...

...E como entrahos duques (Med. Sid. et Med Celi) tunierõ aquel negocio y navegacion *porsueno y cosa de Italiano burlador...*

...y aun que (les roys cath.) al principio tuuirõ *por vano y falso* quanto prometia (Colomb) le dieron esperança... *Gomara: La ist. de las indias.*

« ...y por mucho que D. Christoval satisfacia á estas raçones no era entendido: por lo qual *los de la junta juzgaron* la Empreza *por vana é imposible i que no convenia* á la Magestad de tan grandes Principes determinarse *con tam flaca informacion.*» *Herrera, Dec.*

«Hacia más dificil la aceptacion de este negocio lo mucho que Cristobal Colom en remuneracion de sus trabajos y servicios é industria pedia...

«...Cometiéronlo (le projet de Colomb) principalmente al Prior de Prado y que el llamase las personas que le pareciesen mas entender de aquella materia de cosmografia...

de Portugal avait de nombreux savants et des marins expérimentés. [13]

Et réellement ne devrait-on pas admirer et louer plutôt que de les blâmer sévèrement, les cosmographes portugais qui se refusaient à admettre l'idée commune depuis peu encore affirmée par Toscanelli de la proximité des côtes de l'Asie avec les côtes occidentales de l'Afrique, erreur cosmographique dont Colomb fut toujours persuadé ? [14]

«Ellos juntos *muchas veces*, propuesta Cristobal Colon su empresa, dando razones que lo tuviesen por posible, *aunque callando las mas urgentes*... y asi fueron dellos juzgadas *sus promiesas y ofertas imposibles y vanas y de toda repulsa dignas* y con esta opinion fueron à los reys persuadiendoles que no era cosa que á la autoridad de sus personas reales convenia poner se à favorecer *negocio tan flacamente fundado y que tan incierto é imposible à cualquiera persona letrada por indocta que fuese podia parecer;* porque perderian los dineros que en ello se gastasen y derogarian su autoridad real sin ningun fruto. *Las Casas. Hist. MSS.—F. Colombo, Hist. del Alm.*

«... D. Diogo Ortiz obispo de Tanger su confessor (de Jean II du Portugal). castellano de nacion, natural de Calçada, tierra de Ciudad—Rodrigo, persona de grandes letras, autoridad, y virtude : dicen que votó en esta substancia : «*No eran bastantes, los fundamentos que ofrecia Colon para prendar-se en negocio de tanto peso un Principe cuerdo e prudente sin otro examen ni experiencia...*» *A. M. y Vascocellos : Vida y acciones del rey D. Joan el segundo,* etc.

[13] «Savendo que el Rey de Portugal desejase mucho descobrir e se lhe fue a convidar, e reconta de el que ho desistimaron, no le foe dado credito porque el Rey de Portugal tenia muy altos y bien famados marineros.» *Mem de los reys cath. MSS. apud V. de Saut.*

[14] Lettres de Toscanelli au Roi de Portugal, le 25 juin, 1474, et à Colomb. Introduct. de Colomb à son journal de voyage, 1493, etc.

«Il est mort sans avoir connu ce qu'il avait atteint, dans la ferme persuasion que la côte de Véraqua faisait partie du *Cathai* et de la province du *Mango*, que la grande île de Cuba était «une terre ferme du commencement des Indes, et que de là on pouvait parvenir en Espaque sans traverser les mers...

«...mais l'amiral mourut fermement persuadé que s'il avait touché à un continent à Cuba, (au cap *Alpha* et *Omega*, cap du commencement et de la fin), à la côte de Parie et à celle de Veraqua, ce continent faisait partie du grand empire du Khatai, cest-à-dire de l'empire Mongol, de la Chine septentrionale...

...Les espérances de ce grand homme se fondèrent alors comme on sait, sur ce qu'il appela «des raisons de cosmographie,» sur le peu de distance qu'il y a des côtes occidentales d'Europe et d'Afrique aux côtes du Cathay et de Lifrango, sur des opinions d'Aristote et de Sénèque, comme sur quelques indices de terres situées vers l'ouest, qu'on avait recueillis à Porto Santo, à Madère et aux îles Açores...

«... L'amiral ne rétrécissait pas seulement l'Océan Atlantique et l'étendue de toutes ces mers qui couvrent la surface du Globe ; il réduisait aussi les dimensions du Globe même. «*El mundo es poco ; digo que el mundo no es tan grande como dice el vulgo.*» «le monde est peu de chose, écrit-il à la reine Isabelle. il est, je le certifie, moins grand que ne le croit le vulgaire.» *Humboldt. Hist. de la géogr. du nouveau cont.— Navarr.* etc.

═══ Pauvre vulgaire !...

D'un autre côté, on sait que les connaissances cosmographiques des Portugais étaient entrées dans une voie positive. Il y a à la Bibliothèque de Paris une collection de portulans portugais du commencement du XVIᵉ siècle où l'on trouve des indications et des observations astronomiques d'un caractère essentiellement positif et en opposition avec l'astrologie du moyenâge. [15] Ce caractère se reflétait nécessairement dans la conception géographique et se fortifiait même par les découvertes successives. Comment expliquer que l'on eût repoussé l'idée de Colomb comme absurde, s'il eût présenté clairement et cathégoriquement l'existence de terres occidentales, alors que l'idée de l'existence de ces terres commençait déjà à dominer les esprits et avait donné lieu à de certaines découvertes, entre autres à celle des Açores? Et alors même que Colomb eut présenté l'idée d'une route de l'Inde par l'ouest, comment expliquer l'opposition qu'il aurait eu à vaincre, puisque l'on sait que cette idée était déjà née en Portugal et dans l'esprit d'un roi portugais? Tous ces faits sont faciles à prouver. En cherchant à donner à la navigation les moyens de sortir de sa position forcée de navigation côtière, en la mettant en mesure de s'élever vers la haute mer guidée seulement par les inclinaisons sidérales, en inventant l'astrolabe, en fixant les variations de la boussole, en étudiant l'usage et les relations de l'aiguille aimantée, et en établissant des tables de déclinaison, les pilotes et les cosmographes

---

[15] Visc. de Santarem.
«Dans ces travaux cosmographiques des pilotes portugais, il n'est plus question d'astrologie judiciaire. On voit que l'ouvrage du *Tractatus sphera*, d'Andalonis Nigro, et surtout son introduction *ad judicia astrologica* n'a pas eu la moindre influence sur ces auteurs non plus que les écrits du célèbre Thomas le Pisan. Nous ne trouvons pas dans ces travaux les égarements des astronomes du moyen-âge dans leurs visions astrologiques. Il paraît plutôt que les ouvrages du célèbre Pic de la Mirandole, contre l'astrologie judiciaire avaient déjà produit une grande influence sur les cosmographes portugais... Quoi qu'il en soit ils établissent la théorie suivie par Barthélemi Dias, ils la recommandent comme étant la plus exacte...» *Vic. de Sant... Recherches hist. crit. et bibl. sur Améric Vespuce.*

portugais aspiraient évidemment à autre chose qu'à parcourir les côtes de l'Afrique. Pierre Nunes, ce grand mathématicien, ce grand cosmographe malheureusement si peu connu en Europe que l'une de ses inventions de caractère le plus commun porte encore le nom de Vernier, fait observer combien les idées et les méthodes scientifiques avaient d'empire sur les navigateurs portugais. [16] Ce fait est d'ailleurs facile à reconnaître au moyen d'une rapide étude des institutions de l'infant D. Henri et de ses successeurs, et des documents qui existent dans nos archives et dans nos chroniques.

Le vicomte de Santarem, l'honorable écrivain qui a consulté le plus grand nombre de documents sur les découvertes des Portugais, assure catégoriquement et appuyé sur des faits que, «plus de vingt ans avant la découverte de l'Amérique par Colomb, les Portugais s'occupaient de chercher un passage à l'ouest pour arriver aux Indes.» [17]

On savait que Alphonse V, père de Jean II avait consulté le fameux astronome florentin Toscanelli (1474) sur le passage

---

[16] Não ha duvida que as navegações deste reyno de cem annos a esta parte sam mayores, mais maravilhosas, de mais altas e mais discretas conjecturas que as de nenhua outra gente no mundo. Os portugueses ousaram commetter o grande mar Oceano. Entraram por elle sem nenhum receo. Descobriram novas ylhas, novas terras, novos mares, novos povos e ho que mais he novo ceo e novas estrellas...

«Ora manifesto he que estes descobrimentos de costas e terras firmes nam se fiseram indo a acertar, mas partiam os nossos mareantes mui ensinados e providos de instrumentos e regras de astrologia e geometria que sam as cousas de que os cosmographos ham de andar apercebidos, segudo diz Ptolomeu no 1.º livro da sua geographia. Levavam cartas mui particularmente rumadas e nam já has de que os antigos usavam, que nam tinham mais figurados que dose ventos e navegavam sem agulha... *Dr. Pedro Nunes ; Defensão da Carta de marear.*

====== Humboldt dit :

«Les pratiques du pilotage suivies dans les grandes expéditions de Colomb, de Gama et de Magellan, qui nous paraissent si incertaines, auraient fait l'admiration, je ne dirai pas des marins phéniciens, carthaginois ou grecs, mais encore des habiles navigateurs catalans, basques, dieppois et vénitiens des XIIIe et XIVe siècles.» *E. c. sur l'hist. de la géogr.* etc.

====== Et le Vic. de Santarem :

«Les pilotes puisèrent indubitablement à l'école de navigation de Sagres, des connaissances qui nous étonnent encore.» *Rech. sur Améric Vespuce.*

[17] *Recherches*, etc.

par l'ouest au «pays où mûrissent les épiceries» et que, lorsque Colomb avait consulté le savant auteur du Gnomon de Florence sur la navigation vers l'Occident, celui-ci lui avait répondu en lui montrant la copie de la lettre qu'il avait écrite au chanoine portugais Fernand Martins, sur l'idée du roi. [18] Dans une note de son *Globe*, Martin Behain dit: «Deux navires préparés pour un voyage de deux années, d'après les ordres de l'infant D. Henri, ont navigué en 1431 en se dirigeant toujours vers le couchant pendant à peu près deux cents lieues et ont découvert les Açores;» or cette navigation occidentale s'est répétée après la découverte des premières îles de cet archipel. [19] Ainsi que j'aurai l'occasion de le rapporter, à partir de la moitié du XVe siècle apparurent des donations de terres peuplées ou non et qui étaient encore à découvrir vers l'Occident; ces donations s'obtenaient facilement. Las Casas, [20] ainsi que le remarque le vicomte

---

[18] Lettre de Toscanelli au chanoine portugais Fernão Martins, le 25 juin 1474. Dans la lettre, *sans date*, à Colomb, le savant florentin dit :

«Je vois que vous avez le grand et noble désir de passer dans le pays où naissent les épiceries et en réponse à votre lettre je vous envoie la copie de celle que j'adressai il y a quelques jours à un ami attaché au service du sérénissime roi du Portugal, et que avait eu l'ordre de Son Altesse de m'écrire sur le même sujet.»

Humboldt dit : «si cette correspondence prouve que Colomb s'occupait du projet de chercher le pays des épiceries par l'ouest *bien avant (?) qu'il eut des rapports avec le célèbre astronome de Florence*, il reste indécis lequel des deux, de Colomb ou de Toscanelli, a entrevu le premier la possibilité de cette nouvelle voie ouverte à la navigation de l'Inde.»

———— C'est vrai, mais ne serait-il pas plus juste de dire, puisque c'est la verité toute entière, que cette correspondence prouve aussi que, bien avant les lettres de Toscanelli et de Colomb le roi portugais avait eu cette idée? L'indécision ne serait-elle pas fondée mieux entre celui-ci et Toscanelli, qu'entre l'astronome florentin et Colomb? Toscanelli dit encore :

«Quoique souvent j'aie traité des avantages de cette route je vais encore aujourd'hui, d'après la demande expresse que m'a fait faire le sérénissime roi (de Portugal) donner une indication précise sur le chemin qu'il faut suivre.»

———— Ce qui fait dire à Humboldt :

«Le passage que nous venons de traduire prouve suffisamment que bien avant 1474, Toscanelli avait conseillé au gouvernement portugais la route que Colomb a suivie et qui accidentellement a donné lieu à la découverte...»

Humboldt: *Hist. de la géogr.*; V. de Sant. *Recherches*, *Prior.* etc.

[19] S. da Silva: *Mem. delrey D. João I*; — Cordeiro: *Hist. insul.*; — Mattos Correia: *Prior. das descob. port.* etc. (Ann. marit. e colon. n.os 6 e 7).

[20] Hist. de las ind. MSS. etc.

de Santarem [21] et comme l'avait déjà remarqué Humboldt, [22] «Las Casas avait en sa possession, en 1502, des lettres de Colomb sur les indices des terres occidentales recueillis par des pilotes portugais.» Je pourrais citer encore de nombreux faits si mon but n'était autre. Pourquoi donc alors les projets de Colomb furent-ils rejetés par le gouvernement et par les cosmographes portugais comme ils le furent par le roi d'Angleterre, [23] par D. Henri de Guzman, duc de Medina Sidonia, par D. Louis de Lacerda, duc de Medina-Celi et pendant bien des années par les rois catholiques? [24] Si ce n'était pas (et cela ne pouvait pas être) parce que l'on supposait absurde la découverte des Indes par l'ouest et l'existence de terres occidentales, c'était donc, comme le disent quelques auteurs et avec eux Michelet, [25] parce que «les Portugais ne voulaient employer que des hommes *à eux* et de l'école qu'ils avaient formée?» Jamais une assertion produite par des hommes sérieux et illustres ne fut plus éloquemment démentie par les faits. Il n'est pas nécessaire de rappeler les rapports de l'infant D. Henri avec Jean de Mallorca et autres savants étrangers; il n'est pas même besoin de rappeler que Christophe Colomb s'était formé à l'école portugaise, qu'il avait appris avec les Portugais, qu'il avait navigué avec eux

---

[21] Visc. de Sant., *Recherches*, etc.

[22] Humboldt: *Ex. c. sur l'hist.* etc.

[23] Oviedo et quelques autres historiens disaient que Colomb avait proposé son projet au roi anglais avant d'en parler en Portugal. Si cela est vrai, c'est un fait très significatif.

«... trabajó por medio de Bartolomé Colon su hermano com el rey Enrique vii de Inglaterra (padre de Enrique viii que hoy alli reyna) que le favoresciesse e armasse... *Oviedo*.

«... y viedo al rey de Portugal ocupado en la conquista d'Africa y navegacion d· Oriente... y al de Castilla en la guerra de Granada, embió a su ermano Bartolome Colon, que tambien sabia el secreto, a negociar con elrey de Inglaterra Enrriq. septimo, que muy rico y sin guerras estaua, le diesse nauios y fauor para descobrir las Indias prometiendo traerle dellas muy gran tesoro em poco tiepo. *Gomara: ist de las indias*. Vid. note 12, Clarke, etc.

[24] Las Casas, MSS.—F. Colombo, *Hist. del Alm.*—Oviedo, Gomara, Garibay Herrera, etc.

[25] *Conquête de la mer*: —*La Mer*.

jusqu'aux dernières limites des découvertes portugaises, qu'en Portugal il conçut son projet sur des indications portugaises, qu'il s'était marié en Portugal, s'y était établi et y exerçait sa profession, [26] et que dans son troisième voyage il s'était guidé sur des indications portugaises lorsqu'il se proposait de naviguer au delà de l'équinoxe vers l'Occident «jusqu'à ce qu'il eût trouvé la terre pour s'assurer si le roi Jean de Portugal s'était trompé lorsque ce souverain avait affirmé qu'au sud il y avait une terre ferme» comme le dit le père Manoel de la Vega dans son ouvrage intitulé *del descobrimento de la America,* publié pour la première fois en 1826 au Mexique, par Bustamante : [27] Il n'est pas non plus nécessaire de rappeler beaucoup d'autres faits concernant la vie de Colomb, entre autres la lettre que lui écrivit le roi portugais en 1488 : «A notre spécial ami Christophe Colomb, à Séville» lettre par laquelle on voit que Colomb pensait encore à servir le Portugal et à faire ses découvertes pour le compte des Portugais. [28] Nous n'appellerons à notre aide que le témoignage même

---

[26] Las Casas, Bernaldes (cura de Los Palacios), — F. Colomb, A. Gallo : *De navigatione Columbi,* etc. ; *Coll. Muratori ; Rerum italic.* XXIII ; — Oviedo, Gomara, M. de la Vega, Herrera, Barros, Clarke : *Prog. of mar. disc. ;* — Humboldt, Santarem, etc.

«E á inquerir tambien la pratica y experiencia de las navegaciones y caminos que por la mar hacian los Portuguezes á la Mina del Oro y costa de Guinea, tomó el acordo de ver por experiencia lo que entonces del mundo por la parte de la Ethiopia se andaba y praticaba por la mar y assi navigó algunas veces aquel camino en compania de los Portugueses como persona ya vecina y quasi natural de Portugal.» Las Casas : *Hist. de las Ind. MSS.*

[27] Santarem : *Recherches, Prior.,* etc.

[28] Le 20 mars, 1488. Navarrete : *Coll.* Cette lettre n'est pas une invitation comme l'ont dit toutes les biographies de Colomb. C'est, au contraire, une acceptation. Il y a justement quelques jours qu'un docte écrivain espagnol très apologiste de Colomb, M. R. Pinilla, a rectifié ce fait dans la *Revista Occid.* de Lisbonne :

«... esa carta» — dit-il — «no es como se ha dicho *por todos,* una *invitacion,* es una *aceptacion obligeante* como dicen los franceses, *pero una aceptacion.* Cristobal Colon habia escrito al rey mostrándole voluntad y complacencia de ponerse á su servicio y dejandole entrever la posibilidad de su vuelta á Portugal. No dejan duda sobre esto..»

Ce n'est pas seulement sous ce point de vue que, soit mauvaise foi soit par une singulière erreur, on a donné à cette lettre d'ailleurs fort claire un sens tout-à-fait contraire à celui qu'elle contient. Cette lettre n'est pas une invitation, elle est une

des étrangers. Dans «l'Histoire de la première... conquête des Canaries faite dès l'an 1402 par messire Jean de Bethencourt escrite du même temps» (publiée à Paris, 1630) il est dit: «Si aucun noble prince du royaume de France ou *d'ailleurs* voulait entreprendre aucune grande conquête *par deça* qui serait une chose bien faisable et bien raisonnable le pourrait faire à peu de frais... car Portugal et Espagne les *forniraient* pour leur argent de toutes vitailles et de navires *plus que nul autre pays et aussi de pilotes que savent les ports et les contrées.*»

Les noms de Jean de Bruges à qui on avait fait donation d'une des îles du groupe des Açores, de Joz van Huerter (Joz, Job, João d'Ultra), de Martin Behain, de Jehan da Nova, de Cadamosto, de Vinet, du danois *Balart* (sic) et de beaucoup d'au-

---

bienveillante réponse à une autre lettre de Colomb, l'acceptation de l'offre de ses services et un sauf-conduit pour son retour en Portugal; elle ne dit pas non plus que le navigateur fût en butte à une persécution quelconque de la part des cours portugaises. Ce qu'elle dit à cet égard est tout simplement que si *par hasard (porventura)* Colomb se trouvait compromis en Portugal dans *quelque affaire criminelle, civile ou de quelque autre nature*, sûreté et privilège lui sont donnés pour qu'il ne soit pas arrêté, demandé ou déféré en justice.

Tout cela est bien différent de certain roman de persécution.

«A Christovam Colom, noso especial amigo en Sevilha. — Cristobal Colon. Nós Dom Joham per graça de Deos Rey de Portugall e dos Algarbes, daquem e dallem mar em Africa, Senhor de Guinee vos enviamos muito saudar. *Vimos a carta que nos escrebestes* e a boa vontade e afeizaon *que por ella mostraues teerdes* a nosso serviso. Vos agardecemos muito. *Emquanto a vossa vinda cá, certo, assi pollo que apontaes* como por outros respeitos para que vossa industria e boo engenho nos sera necessario, nós a desejamos e pracernos-ha muito de que viscdes, porque em o que vos toca se dará tal forma de que vos debaes ser contente. E porque por ventura teerees algum rezeo de nossas justizas por razaon dalgumas cousas a que sejaaes obligado. Nós por esta nossa Carta vos seguramos polla vinda, estada, e tornada que não sejaaes preso, reteudo, acusado, citado nem demandado por nenhuna cousa *ora seja civil, ora criminal, de cualquer cualidade*. E por ella mesma mandamos a todas nossas justizas que o cumpram assi. E portanto vos rogamos e encomendamos que vossa vinda seja logno e para isso non tenhaaes pejo algum e teeremos muito em servizo. Scripta en Avis a vinte de Marzo de mil cuatrocientos ochenta y ocho. Elrey. (*Apud Navarr. Doc. dipl. n.º III.*)

— Il est singulier que l'ortographe soit un peu castillane.

Il y ici un fait très intéressant, c'est que depuis le mois de mai 1487 Colomb recevait non-seulement des honneurs mais des pensions des rois catholiques. Je ne sais pas si ce fait doit être cité dans le procès de canonisation du grand navigateur. M. Roselly de Lorgues ne le cite pas, ce qui après tout serait plus digne d'un vrai chrétien que les injustes inventions concernant les conférences de Salamanque.

tres étrangers accueillis par le Portugal, y employés dans la navigation, appliqués à l'étude de ses progrès maritimes, établis dans les terres découvertes et conquises; le nom même de Colomb, de son frère Barthélemy Colomb, le commerce des cartes maritimes fait par les deux, les voyages du premier aux îles récemment découvertes, leur voyage à Mina attesté par le fils de Colomb, F. Colomb, démentent complétement l'arbitraire et imaginaire assertion que nous avons rapportée. Outre les nombreux privilèges spéciaux et généraux concédés aux étrangers parmi lesquels les Génois, les Pisans et les Vénitiens n'étaient pas les moins favorisés, le roi accordait beaucoup de lettres de protection et de naturalisation à tous les étrangers qui voulaient se considérer comme Portugais. [29] La colonisation étrangère dans le royaume et dans les pays découverts était immense. Le 8 juin 1433 on recommande la plus scrupuleuse observance des lettres que les étrangers possédent pour être traités comme nationaux. Peu après il est expressément recommandé de ne gêner en quoi que ce soit les négociants pisans, génois ou autres qui viendraient à Lisbonne. En 1452 (20 mars) de nouveaux privilèges sont accordés aux Allemands, aux Français, aux Anglais, etc. En 1497 (28 juin) on permet aux étrangers le libre commerce avec Arzilla et le royaume de Fez. Si les cortès d'Evora 1481-82 font observer au roi que les Florentins et les Génois qui abondent alors à Lisbonne peuvent découvrir les secrets de Mina et des îles, cette observation n'a trait qu'aux aventuriers et aux explorateurs de hasard qui voudraient enfreindre le droit constitué suivant les idées de l'époque concernant la domination et le commerce exclusif du pavillon portugais. Barthélemy Colomb qui vivait à Lisbonne où il dressait des cartes maritimes et recueillait des

---

[29] Vic. de Santarem : *C. dipl.*, — H. H. de Noronha : *geneol. MSS.* (Bibl. de Lisbonne). etc.

informations sur les découvertes portugaises [30] ne fut jamais gêné dans ses travaux. Christophe Colomb vécut à Lisbonne, alla aux Açores, s'établit à Porto Santo et à Madère, parcourut les nouvelles conquêtes portugaises jusqu'à St. George de Mina et personne ne l'aurait certainement empêché d'aller découvrir de nouvelles terres ainsi que le firent son compatriote le Génois Antoine de Nola (1445 etc.) Cadamosto, le Galicien Jehan de Nova (1501), Ferdinand Vinet, ce dernier même sur un navire appartenant à Barthélemy Marchioni, Florentin établi à Lisbonne, et tant d'autres.

Lorsque Colomb revient à Lisbonne après son premier voyage, le roi de Portugal le reçoit parfaitement, le protège contre les soupçons que l'on a conçus qu'au lieu de l'île de Cypango qu'il disait *encore* avoir découverte, il n'eût été faire

---

[30] Sed Bartholomoeus minor natu in Lusitania demum Ulissipone constiterat, ubi intentus quœstin tabellis pingendis operam dedit queis ad usum nanticum justis illineationibus servatis maria, portus, littora, sinus, Insulœ effigiantur. Proficis cebantur ad Ulissipone quotannis ac redibant emissa navigia quœ cœptam ante hos annos quadraginta navigationem per Oceanum ad Occidentales Æthiopes continuatas terras, gentesque omnibus retro seculis incognitas aperuere. Bartholomoeus autem sermonibus eorum assuetus qui ab alio quodammodo terrarum orbe redibant, studio pingendi ductus, argumenta, et animi cogitatum cum fratre rerum nauticarum peritiore communicat, ostendens omnino necessarium, si quis Æthiopum Meridionalibus littoribus relictis ni pelagus ad manum dexteram Occidentem versus cursum dirigeret, ut is procul dubio continentem terram aliquando obviam esset habiturus. Qua persuasione Christophorus inductus, in aulam Regum Castellœ se se insinuans, viros doctos alloquitur, ac docet in animo sibi esse nisi adjumenta defecerint, multo prœclarius, quam Lusitani fecissent, novas terras, populosque novos, unde minime putetur, invenire. Hœc autem ad aures Regias per hos viros, quibus ea vana non viderentur, delata, studio gloriœ, atque cum Lusitanis œmulationis incensos, Reges perpulere, ut Columbo bina navigia exornari ad eam navigationem, quam meditatus erat, jusserint. *A. Gallo: De navigatione Columbi per inaccessum antea Oceanum commentariolus.*

Antonio Gallo, Segretario dell'Illustrissimo Magistrato di San Giorgio viveva nel 1499 e con istile assai puro scrisse Latinamente alcune Istorie Genovesi... E per ultimo con brevi e scelte parole distese in carta le gloriose imprese dell'Almirante Colombo, intitolandole: De navigatione; «etc.» *R. Sopranus: L. de Script. Ligur.* cit. Mur. Eodem tempore, quo Columbus floruit et Antonius Gallus: quare auctoritas ejus hac in re non leve pondus habet. — *Muratori: R. Ital. scrip.*

Vid. aussi: B. Senarega: *Annali di Genova* (Script. Rer. ital. vol. XXIV); *Agust. Justiniani*, dans une expos. des psaumes, cit. par Navarret. *(Coll. Intr.)* et publ. à Genés, 1516.

quelque excursion dans les pays considérés comme faisant partie du domaine portugais, supporte ses récriminations et les éclats de son orgueil qu'il poussa, à ce que disent les historiens, jusqu'à l'exagération et à l'offense, et le laisse aller en paix. [31] Il est vrai qu'alors le roi fait appareiller une escadre qu'il place sous les ordres de D. François d'Almeida, mais ce n'est que dans le but de vérifier si les soupçons dont Colomb a été l'objet sont fondés, et de maintenir la souveraineté du pavillon portugais suivant les idées de l'époque. Cette expédition toutefois n'eut aucun résultat eu égard à la demande et à la garantie des rois catholiques. [32]

---

[31] «No anno seguinte de mil quatrocentos noventa e tres, estando ElRey no lugar do Val do Paraiso, que he acima do Moesteiro de Santa Maria das Vertudes, por causa das grandes pestenenças que nos lugares principaes daquella Comarca avia, a seis dias de Março arribou arrestello em Lixboa Christovam Colombo, Italiano, que vynha do descobrimento das ilhas de Cypango e d'Antilia, que per mandado dos Reys de Castella tynha fecto, da qual terra trazia comsigo as primeiras mostras da gente, o ouro e algumas outras cousas que nellas avia; e foy dellas intitolado Almirante. E sendo ElRey logo avisado, ho mandou hir ante si, e mostrou por isso receber nojo e sentimento, *assy por creer que o dicto descobrimento era fecto dentro dos mares e termos de seu Senhorio de Guinee*, em que se oferecia difensam, como o dicto Almirante, *por ser de sua condiçam hu pouco alevantado, e no recontamento de suas cousas, excedia sempre os termos da verdade, fez esta cousa, em ouro, prata e riquezas muito maior do que era.* Especialmente *acusava* ElRey *de negrigente por se escusar delle por mingua de credito e autoridade*, acerca do descobrimento pera que primeiro o viera requerer. E com quanto ElRey foy cometido, que ouvese por bem d'ho ali matarem; porque com sua morte o proseguimento desta empresa, acerca dos Reys de Castella por falecimento de descobridor cessaria; e que se poderia fazer, sem suspeita, de seu consentimento, e mandado, *porquanto por elle seer descortes e alvoroçado, podiam co elle travar per maneira que cada hu destes seus defectos, parecesse a verdadeira causa de sua morte. Mas ElRey como era Principe muy temente a Deus, nom soomente o defendeo, mas antes lhe fez honra e muita mercee e cõ ella o despedio.*» R. de Pina, Chron. Cap. LXVI, Resende, Chron. etc.

«... e creo (João II) verdadeiramente que esta terra descuberta lhe pertencia, e assi lho dauão a entender as pessoas do seu Conselho. Principalmente aquellas que erão officiaes d'este mister da Geographia, *por a pouca distancia que avia das ilhas terceiras a estas que descobria Colom.*» Barros, Dec. 1 L. III. Cap. XI, — Vasc. Vida y acciones, etc.

―――― On doit rappeler le Traité de Medina del Campo, du 30 octobre 1431, et en particulier, le Traité d'Alcaçovas, du 4 septembre 1479, entre le Portugal et la Castille (confirmé par Xiste IV), par lequel le droit de domination (senhorio) sur la Guinée (nom très général dans ce temps là, comme le dit Azurara, et comme on le voit dans les documents de l'époque), avec toutes ses mers, îles et côtes déjà découvertes et à découvrir jusqu'aux *Indes*, appartenait *in solidum* au Portugal. Duarte Nunes: Chron. de D. João I; — Ruy de Pina: Chron. — S. da Silva: Mem. delrey D. João I, etc.

[32] «E porem perseguindo ElRey em sua memoria deste cuidado e teendo sobr'isso

Non, ce ne fut point par une orgueilleuse ignorance que le roi de Portugal et ses conseillers repoussèrent le projet de Colomb, ce fut à cause même de la forme de ce projet. Tous les historiens avouent que Colomb présentait sous les couleurs les plus merveilleuses les terres qu'il se proposait de découvrir et se laissait entraîner à des exigences extraordinaires comme nul autre n'en avait eues. Son fils lui-même indique ce fait et l'explique par le désir où était Colomb que sa découverte profitât en honneurs à ses descendants. L'assertion de I. Washington qui prétend que les écrivains portugais inventèrent plus tard cette accusation de vanité contre Colomb est complétement fausse. [33] La science peut être vaincue par le hasard, elle le fut

primeiro conselho junto com Aldea Gavinha se foy a Torres Vedras, onde depois de Paschoa teve sobre o caso outros conselhos, em que foy detriminado que armasse contra aquellas partes como logo armou e grossamente : e da Armada fez Capitam Moor Dom Francisco d'Almeida, que seendo já prestes, chegou a ElRey hu chamado Ferreira, Messegeiro dos Reys de Castella que por serem certeficados do fundamento da dicta Armada, que era contra outra sua, que logo avia de tornar, lhe requereo que nella sobresevesse atee se ver per dereito, em cujos mares e conquista, o dicto descobrimento cabia. Pero o qual enviasse a elles seus embaixadores e Procuradores com todalas cousas que fezessem por seu titolo, e justiça, *segundo a qual elles se justificariam, desistindo ou se concordando como razam, e dereito lhes parecesse. Polo qual ElRey desistio do enviar da dicta armada, e sobr'isso ordenou logo por seus Embaixadores e Procuradores ao Doctor Pero Diiz e Ruy de Pyna...*» R. de Pina : *Chron.* Cap. LXVI ; — Resende, Barros, etc.

[33] «... pedia el almirantazgo, el titulo de viso-rey y demás cosas de tanta estimacion é importancia, pareció cosa dura concederlas pues saliendo con la empresa parecia mucho, y malográndose, ligereza.» F. Colon. : *Hist. del Alm.*

«Hacia más dificil la aceptacion de este negocio lo mucho que Cristobal Colon en remuneracion de sus trabajos y servicios é industria pedia : conviene á saber : estado, Almirante, viso-rey y Gobernador perpétuo, etc. : cosas que á la verdad entonces se juzgaban por muy grandes, como lo eran, y hoy por tales se estimarian.» *Las Casas : Hist. gen. de las Ind. MSS.*

«... Y assiapreto el negocio tanto : en tomandose Granada, que le dieron lo que pidia para yr a las nuevas tierras que dicia *a traer oro, plata, perlas, piedras, especias y otras cosas ricas.* Dieron le assi mesmo los reys la dezena parte de las rentas y derechos reales en todas las tierras que descubriesse y ganasse sin perjuyzio delrey de Portugal como el certificaua...

«... y porque los reys no tenian dineros para despachar a Colon les prestou Luis de Sant Angel su escriuano de racion, seis cuentos de maranedis, que son en cuenta mas gruessa, disiseismil ducados.» *Gomara : ist. de las Ind.*

Navarr. — I. Wash. — R. Pinilla *(Rev. Occ. de Lisbonne),* etc. etc.

═══ Voici un fait fort intéressant qui a été oublié dans le vieux roman de l'abandon et de l'indigence de Colomb en Espagne :

souvent. Mais si ce ne fut point (comme je le crois) par un simple coup du hasard que Christophe Colomb en cherchant, ainsi qu'il le disait, le Cypango ou l'Antilie, ce que d'autres avaient déjà fait, découvrit les îles américaines et même une partie du continent, on n'en peut point non plus conclure à l'ignorance de ceux qui nièrent que Colomb pût par cette route découvrir les terres merveilleuses dont il parlait, car la vérité est qu'il ne les découvrit pas. On insulte et on amoindrit la science des cosmographes portugais qui virent dans l'entreprise proposée une charge onéreuse pour l'État, n'offrant aucune garantie de succès et à peine établie sur quelques-unes des nombreuses et romanesques fantaisies répandues à cette époque et sur une erreur de la vieille érudition cosmographique. L'argument à l'aide duquel on accuse ces savants non-seulement est injuste mais il prouve le contraire de ce qu'il tente de prouver : Colomb ne découvrit pas ce qu'il avait promis de découvrir et sa science n'était pas si grande puisqu'il soutenait, encore après la découverte, qu'il avait trouvé le Cypango ou supposait avoir

«En dicho dia 5 de Mayo de 1487 di a Cristobal Colomo extrangero, que está aqui faciendo algunas cosas complideras al servicio de sus Altesas tres mil maravedis...
«Em 24 de dicho mes (Agosto 1487) di a Cristobal Colomo cuatro mil maravedis...
«En dicho dia (15 oct. 1487) di a Cristobal Colomo cuatro mil maravedis...»
«En 16 de Junio de 1488 di á Cristobal Colomo tres mil maravedis...»
Libr. de cuentas de Franc. Gonzalez de Sevilla, Tesorero de los Reys Catolicos. — Arch. de Simancas. — Navarret. etc.
«... un cuento ciento é cuarenta maravedis... para pagar al dicho Escribano de Racion en cuenta de otro tanto que prestó para la paga de las caravelas que sus Attesas mandaron ir de armada á las Indias é para pagar á Cristobal Colon que vá en la dicha armada.
Libr. de cuentas de Garcia Martinez y Pedro de Mentemayor, de la Composiciones de Bulas del Obispado de Palencia. — Navarret. etc.
«... que en todas las ciudades, villas, y lugares donde Cristobal Colomo se acaesciere se le aposente y á los suyos y se le den buenas posadas que no sean mesones, sin dineros y que se le faciliten mantenimientos á los precios que de ordinario alli tuvieren. Cédula real (Cordoba) à 12 de Mayo de 1489. — Navarret., R. Pinilla, etc.
—— Les navigateurs portugais étaient bien moins chers.

découvert les côtes de l'Asie ou de l'Inde; puisqu'il ignorait le prolongement du continent américain, puisque, revenant des Antilles et abordant aux Açores où il avait vécu, il avoue que ce ne fut que le lendemain qu'il sut qu'il avait abordé à l'île Sainte Marie; [34] enfin sa science n'était pas si développée puisque Jèrôme Girava Tarrascones, *Vir magno ingenio et preclara eruditione* comme le nommaient ses contemporains, dit, dans sa *cosmographie* (publ. Milan, 18 avril 1556) «Toute la terre nouvellement découverte s'appelle *India* parce que Christophe Colomb, de Gènes, grand marin et *cosmographe médiocre*, quand il obtint la permission pour découvrir des terres en 1492 les appela Indes...» [35]

Il n'est pas juste non plus de porter, sans preuves, une accusation de mauvaise foi contre les conseillers portugais, dans le seul but de rehausser la gloire de Colomb dont la bonne foi ne fut pas assez grande pour l'obliger à avouer officiellement qu'il avait reçu des pilotes portugais au moins des indices sur l'existence de terres occidentales, fait qui est affirmé par son contemporain et ami, Las Casas, qui dit l'avoir appris par les papiers de Colomb même; [36] qui est clairement donné à entendre par un autre de ses contemporains, Antonio Gallo, [37] et qui est en outre attesté par de nombreux écrivains d'une autorité irrécusable. De plus la bonne foi de Colomb ne l'empêcha pas de négocier en même temps avec plus d'un gouvernement.

Il n'entre aucunement dans mes idées, Messieurs, de déprécier le mérite de Colomb glorifié par les siècles et cependant victime pendant tant d'années d'une des plus injustes et des plus audacieuses mystifications que l'histoire puisse enregistrer,

---

[34] *F. Colom.* (frag. d'une lettre de son père), M. de la Vega: *Hist. del desc.* (publ. Bustamante); J. de Torres: *Orig. dos desc.* (*Rev. Açoriana* 11), etc.
[35] Vic. de Sant.: *Rech.*, etc.
[36] Loco cit.
[37] Loco cit.

la mystification: *Améric* Vespuce; je ne fais qu'indiquer quelques-uns des points sur lesquels peut s'établir la défense de Jean II et de ses illustres conseillers à qui la géographie, la cosmographie et la navigation doivent de si nombreux services. Personne non plus ne prendra en mauvaise part que, réunissant des faits dispersés, oubliés ou altérés, je m'efforce de contribuer à ce que l'on rende aux navigateurs portugais la part qui leur revient dans la gloire de la découverte du Nouveau-Monde.

Colomb vint à Lisbonne, paraît-il, vers 1470. [38] Irving Washington, appuyé sur Zurita, parle d'un Columbo ou Colombo «amiral génois» qui conduisit le roi de Portugal (Alphonse V) jusqu'à la côte méridionale de France. Cette indication semble flatter d'une part ceux qui ne peuvent se dispenser de chercher aux grands hommes des généalogies illustres, en dépit de la presque constante contradiction des faits; et d'autre part ceux qui s'efforcent d'attribuer à Colomb dès le berceau une vocation, une tradition ou une éducation essentiellement maritime. Le fait est peut-être en lui-même insignifiant, il convient toutefois de le corriger dans les biographies du célèbre navigateur. Le roi de Portugal, Alphonse V, partit de Lisbonne en août 1476 pour le midi de la France, où il arriva avec une escadre portugaise de seize navires portant 2,200 hommes d'équipage. Barante dit que le roi fit ce voyage avec l'escadre du vice-amiral Coulon, mais Barante confond les faits. Coulon était un célèbre corsaire *français* qui avait rendu quelques services au Portugal et se trouvait dans la baie de Lagos quand l'escadre d'Alphonse V y relâcha. Sachant les rapports d'amitié et d'alliance qui existaient entre le roi de Portugal et Louis XI, Coulon vint présenter son compliment à Alphonse V qui le reçut fort bien non-seulement parce qu'il était français

---

[38] R. Pinilla: *Colon en Valc.* (*Rev. Occid.*)

mais encore parce qu'il avait aidé à faire lever le siège que les Castillans et les Maures avaient mis devant Ceuta. [39] Les Génois de noble extraction qui venaient s'établir en Portugal s'empressaient de prouver leur origine devant le gouvernement, et se munissaient de diplomes à cet égard, fait qui peut être démontré par l'exemple de nombreux Génois et autres contemporains de Colomb qui s'établirent dans les îles nouvellement découvertes. [40] Non-seulement les Colomb (Barthélemy et Christophe) ne prirent jamais ces diplomes mais encore ils vécurent modestement au moyen de leur industrie des cartes maritimes. Tous les chroniqueurs s'accordent à les regarder comme de très humble condition. Une autre assertion non moins obscure est celle qui prétend que Colomb avait fait naufrage sur les côtes de Portugal à la suite d'un combat naval sur ces mêmes côtes entre Génois et Vénitiens, en 1485. Ce que l'on sait à l'égard de cette année 1485, c'est que des Français, faisant peut-être partie de l'escadre de Coulon, attaquèrent et prirent, près du cap St. Vincent, quatre galères de Venise qui se rendaient avec de fortes cargaisons dans les Flandres, et dont les capitaines furent jetés à Cascaes. [41] Il y avait beaucoup de temps que Barthélemy Colomb était déjà établi à Lisbonne où il exerçait son industrie des cartes maritimes à laquelle il intéressa ou initia son frère Christophe. Antonio Gallo, contemporain, affirme positivement que l'existence du *monde* appelé India «ne s'était pas révélée à Colomb par ses propres méditations mais grâce à son frère Barthélemy Colomb» lequel avait lui-même conçu la possibilité d'une navigation dans l'ouest, en marquant sur les mappe-mondes qu'il dessinait à Lisbonne pour gagner

---

[39] R. de Pina: *Chron. delrey D. Aff.* v; Vic. de Sant.; *Quad. elem. das Rel. pol.* III.
[40] Fructuoso, Cordeiro, H. H. de Noronha, etc.
[41] R. de Pina: *Chron. delrey D. João* II; Vic. de Sant.: *Quad. elem.* etc.

sa vie, les découvertes portugaises faites au delà de Mina. [42] C'est ce même Barthélemy qui se rend plus tard en Angleterre pour y proposer, peut-être pour la seconde fois, le projet de Colomb et qui y publie en 1489 la première Mappamundi qui y parut et qu'il dédia à Henri VII. [43] Garibay dit que les Rois Catholiques le nommèrent *Adelantado* en récompense de ce qu'il avait contribué *avant* et *après*, au voyage de la découverte. [44]

Quelle qu'ait été néanmoins l'époque de l'arrivée de Colomb en Portugal, il est certain que le mouvement maritime et l'esprit de découverte inauguré par école de Sagres y était déjà fort avancé, et que les premières difficultés, soit par rapport à la terreur qu'inspiraient les mers lointaines, soit par rapport aux moyens de navigation y étaient déjà vaincues. Déjà en 1336 nous avions fait route jusqu'aux Canaries; nous avions découvert Porto Santo, Madère et les Açores. Denis Fernandes avait poussé jusqu'au Sénégal (1439 ou 1440); la Compagnie de Lagos, pour la découverte de nouvelles terres, s'était organisée; Vicente Dias, ayant Cadamosto à bord de sa caravelle avait dépassé le Sénégal vers le sud et avec Antoine de Nola il avait découvert la Gambie qui, au dire des historiens, était le pays que l'infant D. Henri leur avait ordonné de découvrir; Conçalo de Cintra avait poussé plus loin que le Rio de Ouro (1445 — G. de Goncintra, de Ortelius); l'archipel du Cap-Vert était reconnu ainsi que Rio Grande. Déjà en 1447 de nombreux navires du royaume et des îles de Madère se réunissaient sur ce dernier point; Mina était découverte, Anno Bom aussi, (1471) le Congo l'était en 1484. [45] En un mot, pour démon-

[42] Loco cit.
[43] Gomara, Oviedo, Clarke, Hist. gen. des voy. etc.
[44] «Los Reys a vn hermano suyo llamado Bartholome Colon que en viage y lo de mas a ello tocante auia *antes y despues* trabajado mucho, huzieron Adelantado.» Comp. hist. de las Chron. etc.—Vid. Gallo: De Nav. Col. — Senarega: Ann. de Gen.
[45] Azurara, R. de Pina, Resende, Barros, D. de Goes, Silva, C. Lusitano, Alvares, Castanheda, Galvão, Las Casas, Herrera, Faria e Sousa, Ayres do Cazal (Co-

trer l'accroissement de la navigation et des découvertes proprement portugaises, il suffira de rappeler que quand Cadamosto, le premier Vénitien qui dépassa le détroit de Gibraltar vers le sud, à ce que dit Marco Barbaro, [46] entra au service du Portugal, «la côte d'Afrique avait déjà été explorée jusqu'au

---

rog. Bras.), J. J. da Costa Macedo : M. para *a hist. das nav. e desc.* ; R. dos Santos, Trigoso, M. Correa, Walcknaer, Prescott, Humboldt, M-Brun, Clarke, Major, F. F. de S. Luiz, Quintella, F. Dinis, Vic. de Sant., etc., etc.

━━━ Et voilà comment quelques écrivains respectables écrivaient l'histoire : *Guiguené*, dit dans *l'Hist. litt. d'Italie* :

«... les Portugais qui dans le quinzième (siècle) *semblèrent* inspirés par le génie des découvertes, *eurent pour conseil un florentin* (Toscanelli) *et pour coopérateur ou plutôt pour guide un Italien* (Colomb).»

C'est précisément le contraire qui serait la vérité. Ce ne fut pas en suivant les conseils de Toscanelli que les Portugais découvrirent l'Inde, et ils ont découvert beaucoup de nouvelles terres antérieurement à ces prétendus conseils.

C'est bien de Colomb qu'on peut dire qu'il eut les Portugais pour coopérateurs ou plutôt pour guides. Guiguené même le dit :

«... Ils s'établirent (Colomb et son frère) tous deux à Lisbonne où Christophe se maria. *En observant les cartes géographiques de son frère et en écoutant les récits que les navigateurs portugais faisaient de leurs voyages*, il conçut les premières idées de sa découverte.»

«Qual bisogna» — dit un savant — «qual bisogna aveano ó Portoghesi... del consiglio del Toscanelli? (*Lampillas*, Saggio, t. 2. cit. Tiraboschi, *Storia della litt.*)

On doit se rappeler que les indications de Toscanelli étaient basées sur les voyages de Marco Paolo. Le célèbre navigateur était déjà connu en Portugal. Comme le dit M. le Vic. de Santarem, le prince D. Pedro, duc de Coimbra, fils du roi Jean 1.er, qui avait visité l'Orient et reçu des marques d'estime du sultan de Babylone et d'Amurat II, qui avait fait une étude profonde des classiques grecs et latins, et entretenait des relations intimes avec Ange Politien et avec d'autres savants, rapporta à Lisbonne un exemplaire des voyages de Marco Paolo dont on lui avait fait hommage à Venise. On a imprimé à Lisbonne, en 1502, en portugais, les œuvres des célèbres voyageurs Marco Paolo, Nicolas de Conti (Vénitien), et Girolomo de Santo Stefano (Génois). et il est dit dans la préf. de la traduction :

«E no tempo que ho Infante dom Pedro de gloriosa memoria, uosso tyo chegou a Veneza. E depois das grandes festas e honras que lhe foram feitas *polas liberdades que elles te nestes uossos regnos como por ho merecer, lhe offecerom en grande presente ho liuro de Marco Paulo que se regesse per elle poys desejava de ueer e andar pollo mundo* ; do qual liuro dize que está na Torre do Tombo, sobre esto ouui dizer nosta nossa Cidade que ho presente liuro hos Venesianos tiueron escondido muitos annos na casa do seu thesouro.»

Sobre dois antig. mappas geogr.: A. R. dos Santos, (*Mem. da Acad.*); Ramusio, etc.

[46] Zurla : *Dei viaggi e delle scop. de A. da Cadamosto*.

C'est Ca da Mosto, même qu'en dit :

«Essendo io Aluiise da ca da Mosto stato primo che della nobilissima città di Venetia mi sia messo a nauigare il mare oceano fuori del stretto di Gibralterra, verso le parti di mezo di...»

Delle nav. di Messer A. da ca da Mosto — Proe. — *Ramusio*, vol. 1.

delà du cap Bogador exclusivement par les Portugais, et même plus loin que Sierra Leone, et que 51 caravelles portugaises avaient déjà, jusqu'à l'année 1446, exploré toute cette côte découverte par 62 des principaux navigateurs portugais. [47] Si l'astrolabe, les tables de déclinaison solaire et autres progrès ne s'étaient pas encore réalisés, comme le supposent quelques-uns, il est hors de doute qu'ils étaient déjà à la veille de se produire; la construction navale se perfectionnait, l'expérience de la navigation corrigeait peu à peu les conceptions cosmographiques, les renseignements obtenus dans les nouveaux pays excitaient à de nouvelles recherches; l'idée de la découverte de l'Inde se faisait jour et les esprits tendaient à la connaissance des pays ignorés et même légendaires. Il est indubitable que le pressentiment de terres occidentales et que les légendes concernant des pays enchantés et perdus existaient déjà en Portugal. Avant que Colomb eût formulé son projet de courir vers l'Occident à la recherche du Cipango, l'infant D. Henri avait envoyé des navires dans cette direction (1431) [48] et Alphonse V consultait Toscanelli (1474) sur le passage par l'Ouest au pays «où naissent les épiceries.» [49] Différents faits prouvent que l'on ne s'arrêta point dans ces tentatives, et il existe même une tradition, comme nous le verrons plus loin, suivant laquelle on aurait, dans l'une de ces tentatives, découvert l'Amérique du Nord. [50] Je ne puis m'empêcher de faire remarquer ici la réelle supériorité de la science des cosmographes portugais alors que, pour la route de l'Inde, ils donnaient la préférence à celle du sud et de l'orient sur celle de la mer occidentale, en dépit de l'opinion de Toscanelli et de la cosmographie commune à cette époque [51] et tan-

---

[47] Vic. de Sant.: *Prior.* etc.
[48] Cord.: *Hist. insul.*, — Quintella, Mattos Correia, etc.
[49] Humboldt, etc. — Note 18.
[50] Part. sec. de cette lettre.
[51] R. de Pina, Resende, Barros: *Dec.* 1, *Liv.* III, *Cap.* IV, etc. — Note 1.ière

dis que Colomb croyait avoir découvert les côtes indiennes par cette dernière route. Je citerai également quelques donations faites à des navigateurs portugais, donations qui prouvent l'idée de l'existence de terres occidentales et d'autres dont j'ai fait mention plus haut.

Le 29 octobre 1462 il est fait donation à l'infant D. Fernand d'une île que Gonçalo Fernandes, de Tavira, disait avoir aperçue en revenant des pêcheries de Rio do Ouro, à l'ouest-nord-ouest des Canaries et de Madère, et à laquelle il n'avait pu aborder en conséquence du mauvais temps. [52] Le 28 janvier 1475 une autre donation est faite à Fernand Telles des îles qu'il pourra découvrir dans l'Océan, *pourvu qu'elles ne se trouvent pas dans les parages de la Guinée*. [53] Le 10 novembre de la même année il est expliqué que cette donation pouvait s'étendre aux îles désertes comme aux îles peuplées en y comprenant celle de *Sete Cidades (Antilia)* dont on avait perdu la route. L'*Antilia* avait déjà été indiquée sur une carte en 1424, et, en 1492, Martin Behain en donne la légende dans une note de son *Globe* en la rattachant à de certains faits de tradition portugaise. Le 3 mars 1486 il est fait donation à Fernand Dulmo de l'île de Terceira, d'une autre île *qu'il avait supposé être celle de Sete Cidades* ou de toutes îles ou terre ferme qu'il pourrait découvrir. [54] Le 12 juillet 1486 Dulmo fait à Lisbonne, par devant le notaire Jean Gonsalves, un contrat avec Jean Alphonse, de Estreito (Madère) par lequel il est entendu que ce dernier fera les dépenses nécessaires et que chacune des parties contractantes aura droit à une moitié des découvertes; ce contrat est confirmé par le gouvernement et expliqué le 24 du même mois et le 4 août de la même année. Ces tentatives se relient peut-être

---

[52] *Liv.* II *dos Mysticos* (Arch. royale de Lisbonne), J. de Torres (Rev. Açor.) etc.
[53] *Liv. das Ilhas.* Id. id.
[54] Id. id.

à d'autres donations faites en 1473 et en 1484 et à l'idée d'un certain Alvaro da Fonte, fils de Georges da Fonte de l'île de Sainte Marie, dont Fructuoso dit «qu'il avait dépensé toute sa fortune en cherchant à découvrir l'*île nouvelle*, ce qu'il n'avait pu effectuer. [55]

Ce ne serait pas une hypothèse trop audacieuse que celle qui laisserait croire que l'historien insulaire P. Cordeiro se rapporte à quelques-unes de ces tentatives lorsqu'il dit que Martin Behain affirmait, à Fayal, avant la découverte des Indes de Castille, «qu'au sud-est de cette île se trouvait un pays merveilleux» et ajoute que ce même Martin avait décidé les rois de Portugal à envoyer quelques expéditions de découverte dans cette direction. [56] Il n'existe aucun indice faisant croire que le gouvernement portugais eût effectivement fait partir ces expéditions mais on voit qu'elles furent tentées sous l'impulsion et à la charge des particuliers avant même la résidence de Behain à Fayal. Martin de Behain épousa en 1486 la fille du donataire de Fayal, il partit en 1491 pour Nuremberg et, en 1492, il y composa le célèbre *Globe* sur lequel il indique l'*Antilia* ou *Sete Cidades*, le Cipango, etc. Ce fut au milieu de ce mouvement extraordinaire et de ces extraordinaires idées que parut Colomb, imbu lui-même de la cosmographie traditionnelle et de récits plus ou moins romanesques de voyages aventureux et de pays inconnus et livré en outre par nécessité ou par vocation à la vie maritime. Il se maria à Lisbonne, suivant les biographes ou à Madère, si l'on en croit les chroniques de cette île, [57] avec D. Filippa Moniz de Mello, fille de Barthélemy Perestrello, probablement déjà mort à cette époque (et non Barthélemy Mognis de Perestrello, comme dit Roselly de Lorgues) et de sa seconde femme Isabelle

---

[55] «*Saudades da Terra.*» MSS.
[56] «*Hist. insul.*»
[57] Fructuoso, Noronha, Anony: *Ann. do Porto Santo*, MSS.

Moniz. Perestrello est une transformation portugaise du nom italien *Balestro*; on le trouve écrit Palestro, Palestrello, etc. [58] Barthélemy descendait d'un Lombard nommé Balestro, Palestro ou Palestrello qui était venu en Portugal pendant le règne de Jean 1er et qui ayant justifié de la noblesse de son origine avait obtenu un blason. [59] Barthélemy avait fait partie de la maison de l'infant D. Jean, il avait passé ensuite dans celle de l'infant D. Henri; il fut le compagnon de Zarco et de Tristão Vaz qui avaient découvert et peuplé Porto Santo et Madère, et il avait reçu définitivement le gouvernement (*donataria*) de la première de ces îles le 1er novembre 1446. [60] Au moyen de cette union Colomb entra en rapport avec différentes familles d'aventuriers et de navigateurs célèbres; les Teixeira, les Correia, etc., et il se fixa pour quelque temps à Madère où, comme le dit Las Casas, on recevait de fréquentes nouvelles des récentes découvertes [61] et d'où partirent, d'après des documents de l'époque, des expéditions de découverte. Suivant la chronique confirmée par quelques écrivains et entre autres par Las Casas qui avait en sa possession les papiers de Colomb et qui s'était renseigné auprès de D. Diogo son fils, Colomb avait fait son profit des cartes et des rapports de son défunt beau-père. [62] Suivant encore le témoignage de son fils, il navigua longtemps avec les Portu-

---

[58] A. R. d'Asevedo: *not. Fructuoso.*
[59] H. H. de Noronha, Fructuoso, etc.
[60] *Mm. sobre a creação e augmento do Est. Eccl. na Ilha da Madeira. MSS.*
[61] «... frequentes nuevas se tenian cada dia de los descubrimientos que de nuevo se hacian *y esto parece aver sido el modo y ocasion de la venida de Christobal Colon à Espana y el primer principio que tuvo el descubrimiento de este grande orbe.*» — Vid. Gallo, l. c., F. Colomb, Gomara, etc.
[62] Las Casas, lib. 1. cit. Vic. de Sant., Navarret. Hist. gen. des Voy, etc.
«Foi nesta ilha que residiu por alguns tempos o grande Christovão Colombo, genovez. Aqui contrahiu matrimonio com D. Filippa, filha do mencionado Bartholomeu Perestrello, primeiro donatario, e herdando do seu mesmo sogro os manuscriptos deste e de outros navegantes portuguezes, delles o referido Colombo tirou os principios para a grande descoberta do novo mundo com a qual immortalisou o seu nome.» *Annaes da ilha do Porto Santo. MSS.* cit. Asevedo: not. sur Fructuoso.

gais, regardé qu'il était déjà comme Portugais. [63] Il se rendit à la côte de Mina et demeura aux Açores. Il est à remarquer que la veuve de Barthélemy Perestrello avait vendu le gouvernement de Porto Santo à un autre de ses gendres, célèbre aventurier nommé Pierre Correia da Cunha, capitaine donataire de l'île Graciosa. [64] Au sujet de ce Pierre Correia da Cunha, on dit qu'il avait communiqué à son beau-frère avoir aperçu une terre inconnue ou qu'il lui avait donné quelques autres indications. [65] Nous rappellerons également que Colomb était l'ami de Martin de Behain qui avait l'idée de l'existence de terres occidentales ainsi que nous l'avons déjà dit; que Martin avait épousé une fille de Job Huerter ou de Joz d'Ultra comme on l'appelle en Portugal, que ce donataire de l'île de Fayal s'allia à la famille de Cortereal de Terceira, [66] famille dans laquelle ainsi qu'on le verra plus loin, semblait exister la tradition de la découverte de la Terre Nouvelle [67] (Amérique du Nord). Nous rappellerons encore qu'aux Açores aussi bien qu'à Madère on se préoccupait de l'existence d'une terre ignorée et placée en dehors de la ligne suivie par les découvertes africaines; circonstance qui est prouvée par la donation faite le 21 juin 1473 à Ruy Gonçalves da Camara, fils du découvreur de Madère, de toute île que lui ou ses capitaines pourraient trouver non au delà du Cap Vert, [68] par une autre donation du 30 mars 1484 faite à Domingue do Arco, de Madère, d'une île qu'il devait découvrir; [69] par la donation faite en 1486 à Dulmo, de Terceira, et Jean Alphonse, de Madère, etc. Colomb vivant à Ma-

[63] L. c. — Las Casas. — MSS. cit. etc.
[64] Fructuoso, Cordeiro, Noronha, etc.
[65] Herr.; Irv. Wash; etc.
[66] Cordeiro, Manso de Lima: Fam. de Port. MSS., etc.
[67] P. II de cette lettre.
[68] Arch. roy. de Lisbonne. — J. de Torres: Orig. (Rev. Açor. II).
[69] Id.

dère et aux Açores et en rapport avce les aventuriers portugais, n'ignorait certainement pas ces projets et ces tentatives. L'on voit que les indications que Colomb avait reçues n'étaient pas si insignifiantes et si fabuleuses qu'on veut le faire croire. Les biographes sont obligés d'avouer que Colomb avait reçu ces indications de son beau-frère Pierre Correia, d'un certain Martin Vicente, d'un nommé Antoine de Leme, de Vicente Dias, etc. [70] On raconte de l'un de ces derniers qu'il avait assuré à

[70] «Por muchas maneras daba Dios causas á D. Christoval Colon, para emprender tan gran haçana : é demás de las raçones, que se han referido, que le movieron tuvo experiencias muy probables porque hablando *con hombres que navegaban los Mares de Occidente, especialmente à las islas de los Açores*, le afirmó Martin Vicente que hablandose vna vez quatrocientas i cinquenta leguas al poniente, de al cabo de San Vicente, tomó vn pedaço de madero labrado por artificio, i à lo que se juzgaba no con hierro, de lo qual i por haver ventado muchos dias poniente, imaginaba que aquel palo venia de alguna isla. Pedro Correa casado con vna hermana de la muger de D. Christobal, le certificó *que en la isla de Puerto Santo*, habia visto outro madero, venido con los mismos vientos i labrado de la misma forma, i que tambien vió Canas mui gruesas, que en cada canulo pudieran caber tres açumbres de agua. I D. Christoval dijo haber oido afirmar esto mismo *al Rei de Portugal, hablando en estas materias i que tenia estas canas i se las mandó mostrar,* las quales juzgo haver sido traidas con el impetu de el viento de la Mar, pues en todas nuestras partes da Europa não se sabia que las huviesse semejantes, i ainda bale á esta ciencia que Ptolomeo, en el libro 1.º Cap. 17 de su cosmographia dice que se hallan en la India aquellas canas. *Asi mismo le certificaban vecinos de las islas de los Açores*, que ventando ponientes recios i noruestes traia la Mar algunos pinos i los hechaba *en la costa de la Graciosa i del Fayal* no los habiendo en ninguna parte de aquellas islas. *En la isla de Flores* hechó la Mar dos cuerpos de hombres muertos que mostraban tener las caras mui anchas i de otro gesto que tienen los christianos. Otra vez se vieron dos canoas ó almadias con casa movediça que passando de vna á otra isla los debio de hechar la fuerça del viento i como nunca se hunden *vinieron a parar á los Açores. Antonio Leme, casado en la isla de la Madera* certificó que haviendo corrido con su caravella buen trecho al poniente le havia parecido de ver tres islas cerca de donde andaba, i en las islas de la Gomera, del Hierro *i de los Açores:* muchos afirmaban que veian cada ano algunas islas àcia la parte de poniente. I esto decia D. Christoval que podia ser las islas que trata Plinio en el libro 2 cap. 97 de son natural Historia, que àcia la parte del septentrion sacaba la Mar algunos arboledos de la Tierra qui tienen tan grandes raices que los lleva como balsas sobre el agua i desde lejos parecian islas. *Un vecino de la isla de la Madera*, el ano de 1484 pidió al rei de Portugal licencia para ir á descubrir cierta Tierra, que juraba que veia cada ano i siempre de vna manera, *concordando con los de las islas de los Açores;* i de aqui sucedió que en las cartas de marear antiguas se pintaban algunas islas por aquelles mares, especialmente *la isla que decian de Antilia*... i que en tiempo *del infante D. Enrique de Portugal* con tormenta corrió vn navio que *habia salido de Portugal,* i no paró *hasta dar en ella*... pero que los marineros temiendo que no les quemasen el navio i los detuviessen *se bolvieron á Portugal* mui alegres *confiando de recibir mercedes del infante,* el qual los maltrató por haverse venido sin mas raçom i los mandó bolver, pero que

Colomb qu'en faisant voile vers l'Occident il avait aperçu trois îles aux dernières limites de l'horizon. Cet Antoine de Leme dont les biographes de Colomb se bornent à relater le mariage à Madère, était fils d'un homme remarquable d'origine flamande, Martin Leme, qui alla en 1843 s'établir à Madère sous la recommandation spéciale d'un infant portugais. Antoine de Leme avait épousé Catherine de Barros, descendante des premiers habitants de Madère. [71] Ce Vicente Dias, qui, d'après Herrera, paraît si convaincu de l'existence d'une terre occidentale, fut un hardi navigateur; il prit part à la grande expédition de Lancerote; il conduisit Cadamosto au delà du Sénégal, et d'après une lettre du roi de Castille au roi de Portugal, Alphonse v, de 25 mai 1452, il fit la course dans les Canaries avec quelques naturels de l'Algarve, de Lisbonne et de Madère. Il existe encore à l'île de Madère une tradition d'après laquelle Colomb aurait résidé à Funchal, ainsi que d'ail-

---

el maese i los marineros no lo osaron hacer i salidos de el reino nunca mas bolvieron...

« *Vicente Dias*, piloto portugues, *vecino de Tavira, viniendo de Guinéa en el parage de la isla de la Madera*, dijo que le pareció de ver vna isla que mostraba ser verdadera Tierra *i que descubrio el secreto á vn mercader genovés*, su amigo, á quien persuadió que armase para el descubrimiento ; *i que havida licencia del rey de Portugal* se embió recaudo á Francisco de Caçana, hermano del mercader para que armase *vna nao en Sevila* i la entregase á Vicente Dias, pero burlandose del negocio no quiso, *i bolviendo el piloto á la Tercera con el armada de Lucas de Caçana*, armó vn navio, i salió dos ó tres veces mas de ciento i tantas leguas i jamás halló nada.» *Herrera*, lib. 1 : *Descrip.* etc.

Las Casas, Barros, Navarr., etc.

======= Quelques écrivains qui, dans leur enthousiasme pour Colomb, lui supposent une inspiration extraordinaire ou plutôt une révélation que le fait même de la découverte du Nouveau-Monde lui refuse, essayent d'amoindrir l'importance de ces indications dont quelques-unes sont confirmées par des documents et par de certains faits historiques comme on peut s'en assurer. Cependant Herrera est une autorité sérieuse qui «puisa à des sources authentiques» et qui «travailla sur les pièces des archives du Conseil des Indes.» Herrera fut pour l'Espagne ce que Barros fut pour le Portugal. C'est avec raison que le Vic. de Santarem dit qu'il a été considéré jusqu'à présent comme l'un des premiers, des plus consciencieux et des plus impartiaux historiens espagnols, et que Humboldt reconnaît que l'autorité de ses Decades ne peut être révoquée en doute. Llorente: *Sag. apol. degli storici e cong. spag.* etc.; Prescott, *Hist. of Ferd. and Isab.*; *Humboldt: Exam. crit. sur l'hist.*; *Vic. de Sant.: Rech.* Robertson: *Hist. philos. et pol.:* Vid. N. 79.

[71] Noronha, Fructuoso, R. de Azevedo, *not. sur Fruct.*

leurs l'assure son fils, et y aurait pendant un certain temps gagné sa vie en dressant des cartes maritimes et en recueillant des renseignements sur les découvertes portugaises, comme son frère le fit à Lisbonne, ce qui se trouve d'accord avec les rapports de Las Casas, de Gallo et d'autres. [72] En 1862 je pus encore y voir la maison que l'on disait avoir été habitée par Colomb et qui avait en effet tout le caractère de l'époque. Mon savant ami le Dr. Alvaro R. d'Azevedo [73] qui réside dans cette île affirme que la maison existe encore. Elle est située dans l'une des plus anciennes rues de Funchal, qui a déjà été décrite par Fructuoso, la Rue do Esmeraldo; [74] on appelle la maison le *granel do poço*, elle sert de magasin ou grenier et appartient au comte de Carvalhal. Cependant ayant égard à la description de Fructuoso et à ce que la maison s'est conservée en la possession de cette famille jusqu'à ce jour, sans vouloir nier que Colomb l'ait habitée, j'incline à croire qu'elle était la résidence de Jean Esmeraldo, Génois, suivant Fructuoso, Flamand, suivant d'autres, qui vint s'établir à Madère en 1480. Il est temps néanmoins de parler d'une autre tradition qui ne dit pas seulement que Colomb avait recueilli des indices plus ou moins vagues sur le Nouveau-Monde mais qui assure qu'on lui avait donné la carte nautique qui l'avait guidé dans sa découverte; tradition qui par conséquent donne à un autre navigateur la priorité de la découverte. Je ne fais pas allusion à de certaines assertions qui prétendent que Martin Behain aurait le premier indiqué l'Amérique, y aurait fait un voyage [75] ou que Colomb

[72] Gallo, Las Casas, Gomara, Herrera, Barros, Garibay, Fructuoso, etc.—Vid. n. 62, 63, 64, 66, 71, etc.
[73] Ed et not. sur Fructuoso.
[74] «Logo alem está outra que sahe d'esta primeira dos Mercadores e se chama de João Esmeraldo por elle ter ali o seu aposento antigo muito rico, com casas de dois sobrados e pilares de marmore nas janellas e em cima seus cirados com muitas frescuras. E na mesma rua estão ricas casas e aposentos onde mora o nobre Pedro de Valdevesso e Francisco de Salamanca e outras nobres pessoas.» *Saud. de Terra.*
[75] Doppolmayr.

se serait servi d'une de ses cartes trouvée à Madère pour effectuer sa découverte. [76] La tradition dont je parle est celle-ci : un navire désamparé par une tempête qui l'avait jeté sur les côtes plus tard découvertes par Colomb, vint aborder à Madère ; Colomb reçut chez lui l'équipage accablé et mourant composé de quatre ou cinq hommes ; le pilote se sentant près de sa fin et voulant récompenser son hôte des bons soins dont il avait été l'objet, lui donna les cartes sur lesquelles il avait pointé les terres inconnues et tous les détails de son voyage. Ce fait a été fort discuté et a fini par être mis au rang des fables que l'on dit inventées dans le but d'amoindrir l'œuvre de Colomb ; il n'en est pas moins vrai que l'on en trouve déjà des traces dans les écrits de ses contemporains. Elle était populaire déjà du temps d'Oviedo, c'est-à-dire du temps de Colomb même.

Oviedo raconte le fait qu'il regarde pour sa part (*para mi*) comme controuvé. Il dit que personne ne peut affirmer si le fait est vrai ou non et que : *melius est dubitare de ocultis quam litigare de incertes*.

La citation n'est pas une raison. Ce n'est pas un démenti formel comme quelques-uns ont affecté de le croire. [77] Toute-

---

[76] Id. Vid. n. 6, 7, etc.

[77] Quieren decir algunos que una caravela que desde Espana passaba para Inglaterra cargada de mercadorias é bastimentos, assi como vinos é otras cosas que para aquella isla se suelen cargar (de que ella caresce ó tiene falta) acaesció que le sobrevinieron tales é tan forçosos tiempos é tan contrarios que ovo de neçessidad de correr al poniente tantos dias que reconosció una ó mas delas islas destas partes é Indias ; é salió en tierra, é vido gente desnuda dela manera que acá la hay y que cessados los vientos (que contra su voluntad acá le truxeran) tomó agua é leña para volver á su primero camino. Diçen mas : que la mayor parte de la carga que este navio traia eran bastimentos é cosas de comer, ó vinos ; y que assi tuvieron con que sostener en tan largo viage é trabajo ; ó que despues le hizo tiempo á su proposito, y tornó a dar la vuelta e tan favorable navegacion le subçedió, que volvió á Europa, é fue a Portugal. Pero como el viage fuesse tan largo y enojoso y en especial á los que con tanto temor é peligro forçado le hicieron por presta que fuesse su navegacion, les turaria quatro ó çinco meses (ó porventura mas) en venir acá é voltar adondo he dicho. Y en este tiempo se murió quasi toda la gente del navio *é no salieron en Portugal sino el piloto con tres ó quatro ó alguno más de los marineros* é todos ellos tan dolientes, que en breves dias despues llegados murieron. Dicese junto con esto que

fois cette opinion d'Oviedo ne peut nous satisfaire complétement si nous considérons qu'il n'était pas facile de l'inventer et de l'accréditer à une époque si rapprochée. De plus, nous trouvons, comme nous l'avons dit, un autre contemporain et ami de Colomb, possesseur des ses documents, [78] Las Casas, qui affirme

este piloto era muy intimo amigo de Christobal Colom y que entendia alguna cosa de las alturas y marcó aquella tierra que halló de la forma que es dicho y en mucho secreto dió parte dello a Colom é le rogó que le ficiesse una carta y assentase en ella aquella tierra que habia visto. Dicese que él le recogió en su casa, como amigo y le hizo curar porque tambien venia muy enfermo pero que tambien se murió como los otros é que assi quedó informado Colom de la tierra é navegacion destas partes y en él solo se resumió este secreto. Unos dicen que este maestre ó piloto era andaluz, otros le hazen portuguez; otros vizcaino; otros dicen que el Colom estava entonces en la isla de la Madera, é otros quiren decir que en las de Cabo Verde, y que alli aportó la caravela que he dicho, y el ovo por esta forma noticia desta tierra. *Que esto passase assi ó no, ninguno con verdad lo puede afirmar ; pero aquesta novela assi anda por el mundo entre la vulgar gente...* Para mi yo lo tengo por falsa é como dice el Augustino : *melius est dubitare de ocultis quam litigare de incertis.* Mejor es dubdar en lo que no sabemos que porfiar lo que no está determinado. *Liv.* I, *Cap.* II.

»Movido, pues Colom con este desseo como hombre que alcançaba el secreto de tal arte de navegar (quanto é andar el camino) como docto varon en tal sciencia ó por estar çertificado de la cosa por aviso del piloto que primero se dixo, *que le dió noticia desta oculta tierra en Portugal, ó en las islas...*» Liv. I, Cap. IV.

[78] Vid. not. 62.
═══ Las Casas avait même entendu dire à quelques-uns des premiers découvreurs de l'île Espanola que les indigènes assuraient que d'autres hommes aussi blancs et aussi barbus que les Espagnols avaient abordé à cette île peu de temps avant l'arrivée de Colomb. *Hist. g. de las Ind. Mss. lib.* I, *cit. Navarrette.* On sait que le père du vénérable évêque de Chiapa avait été l'un des compagnons de Colomb pendant son voyage à Espanola, en 1493.

En citant las Casas et en rappelant les informations authentiques et.directes qu'il avait reçues (du fils de Colomb, D. Diogo, et des mémoires même de Colomb), Navarette semble croire que l'accusation de fausseté portée par Oviedo contre l'histoire du pilote serait peut-être portée contre le nom de celui-ci et les circonstances de son voyage, plutôt que contre le fait même.

«Gonzalo Fernandez de Oviedo» — dit-il — tuvo esta narracion por falsa ó por un cuento que corria entre la gente vulgar. *Pudo ser asi respecto à la persona de Alonso Sanches y à las circunstancias de su viage,* pero Fr. Bartolomé de las Casas, que tuvo à la vista unos libros de memorias *escritos por el mismo* Christoval Colon refiere que tratando en ellos *de los indicios que habia tenido de tierras al occidente por varios pilotos y marineros portugueses y castellanos* citaba entre otros un Pedro Velasco, vecino de Palos que le afirmó en el monasterio de la Rabida *habia partido del Fayal* y andado 150 leguas por la mar descubriendo à la vuelta la isla de Flores; a un marinero tuerto que hallandose en el puerto de Santa Maria y a otro gallego que estando en Murcia, le hablaron de un viage que habian hecho á Irlanda y que desviados de su derrota navegaron tanto al N. O. que avistaron una tierra *que imaginanaron ser la Tartaria,* y era *Terra Nova* ó la tierra de los Bacallaos, *la qual fueron a reconocer en diversos tiempos dos hijos del* Capitan que descubrió la isla Tercera, llamados Miguel y Gaspar Cortereal que se perdieron uno depues del otro. Anade Ca-

que le célèbre navigateur avait reçu des pilotes portugais des indices sur les découvertes et un stimulant à entreprendre son voyage en vertu de quoi il était venu en Espagne proposer son expédition. Gaspar Fructuoso, investigateur consciencieux des événements et des traditions, et qui écrit aux Açores en 1590 son histoire «*Saudades da Terra*,» ouvrage pendant si longtemps et encore aujourd'hui en partie inédit, enregistre cette tradition et rapporte le fait comme ayant eu lieu en 1486. [79]

---

sas *que los primeros que fueron á descubrir y poblar la isla Espanola (á quienes el trató)* habian oido á los naturales *que pocos anos antes que llegasen* habian aportado alli otros hombres blancos y barbados como ellos. (Casas, Hist. de las Ind. lib. 1, cap. 13 y 14.)» *Coll. intr.*

[79] «Hum homem de nação, genoes, chamado Christovão Colon, natural de Cogoreo ou de Nervi, aldea de Genova, de poucas casas, avisado e pratico na arte da navegação, vindo da sua terra á Ilha da Madeira, *se casou nella, vivendo ali de fazer cartas de marear*. Aonde, *antes do anno de* 1486 veyo aportar huma não biscainha, ou (segundo outros) andaluza ou portugueza, havendo com tormentas e tempos contrarios, descoberto parte das terras, que agora chamamos Indias Occidentaes ou Novo Mundo. O Piloto, cujo nome se não sabe nem de que nação era (sómente tem alguns que era portuguez e carpinteiro) *e tres ou quatro companheiros*, que com elle vinham, sem ninguem saber ate agora que viagem levaram, senão somente que andaram pello mar Oceano do Ponente, tendo hum tempo rijo e tormenta grande, a qual os levou perdidos pela profundeza e largura do espaçoso mar, ate os pôr fora de toda a conversação e noticia, que os experimentados marinheiros e sabios pilotos sabiam e alcançavam por sciencia e longa experiencia: onde viram pellos olhos terras nunca vistas nem ouvidas. Com a mesma tormenta que os levou a vêlas ou com outra contraria se tornaram para Hespanha, tão perdidos e destroçados que de muitos marinheiros que deviam ser sómente escapou o Piloto com tres ou quatro companheiros. Os quais chegando á Ilha da Madeira, onde Christovão Colon morava, acaso se agasalharam e puzeram em sua casa, onde foram bem hospedados: mas não bastou isso para poderem cobrar forças e saude, porque vinham tão perdidos e destroçados, tão pobres e famintos, tão fracos e enfermos que não poderam excapar com a vida, não tardando em morrer. E não tendo o Piloto, na morte, outra cousa milhor que deixar a seu hospede em paga da boa obra (que ainda que feyta a pobre gente não perde seu premio antes a quanto mais pobre se faz mais alcança seu galardão) deu-lhe certos papeis e cartas de marear e relação mui particular do que naquelle naufragio tinha visto e entendido. Recebeu isto Christovão Colon de mui boa vontade porque seu principal officio era tratar em cousas de mar *e fazia muito caso de sua arte e aviso do Piloto e de seus companheiros*. Mortos elles começou Christovão Colon a levantar os pensamentos e a imaginar que, se por ventura elle descobrisse aquellas novas terras não era possivel senão que nellas acharia grandes riquezas e que seria para elle cousa de muyta honra e proveitosa *e para ver se leuauão caminho suas imaginações communicou seu negocio com Frey João Peres de Marchena do mosteiro da Arrabida, bom cosmographo... Saudades da Terra*, MSS. liv. 4.º

[80] «En este mesmo ano vn hõbre de nacion Ytaliano, llamado Christoual Colõ, natural de Cugurco, o Nerui aldea de Genova, vino á la corte de los Reys, preferiedo-se de descubrir en la parte d'el Oceano Occidetal tierras incognitas y grandes ri-

En 1571 Garibay [80] avait raconté le fait comme vrai, presque dans les mêmes termes, sans toutefois indiquer l'époque où il se produisit. F. Lopez Gomara [81] l'avait déjà raconté et [82] Ben-

quesas. Siendo Christoual Colō, hombre auisado y pratico en la arte de la nauegaciō *y biuiedo de hazer cartas de navegar, casó en la isla de Madera*, adonde vna nao Vizcayna ó segun otros Andaluza ó Portuguesa auia *los anos passados* aportado, auiendo con tormenta y tiempos contrarios descubierto parte de las tierras, que agora dezimos Indias Occidentales o Nueuo Mundo. El piloto y tres o quatro companeros que con el venian, no tardando en morir reuelaron lo que auian visto a su huesped Christoual Colon. El qual alegre *con tan desseado auiso*, procuró, primero con Don Juan, ya nombrado, Rey de Portugal, y despues con Herique septimo Rey de Ynglaterra y luego con Don Henrique de Guzman, duque de Medina Sidonia, y despues con Don Luys de la Cerda, duque de Medina Celi, que tenia buenos puertos, que le ayudassen al descubrimiento destas nueuas tierras.» *Comp. hist. de las Chr.* — *Garibay.*
   [81] «Nauegando vna carauela por nuestro mar oceano tuuo tan forçoso viento de leuante : y tā cōtinuo que fue a parar en tierra no sabida ni puesta nel mapa, o carta de marear. Boluio de ella, en muchos mas dias, que fue. Y quando aca llego no traya mas de al piloto y a otros tres o quatro marineros, que como venian enfermos de hambre y de trabajo : se murierō dentro de poco tiempo, e nel puerto. E aqui como se descubrierō las Indias por desdicha de quien primero las vio, pues acabo la vida siu gozar dellas, y sin dexar, alomenos sin auer, memoria ō como se llamaua. Ni de donde era. *Ni que ano* las hallo. Bien que no fue culpa suya, sino malicia de otros, o invidia de la que llaman fortuna. Y no me marauilba delas historias antiguas, que cuentan hechos grandissimos por chicos, o escuros principios, *pues no sabemos quien de poco aca hallo las Indias* que tan senalada : y nueua cosa es. Duedaranos, se quera, el nombre de aquel Piloto, poes todo lo al con la muerte fenece. Unos hazen Andaluz este piloto, que trataua en Canaria, y en la Madera, quando le acontecio aquella larga y mortal nauegacion. Otros vizcayno : que contrataua en Inglaterra, y Francia. Y otros, Portugues que yua, o venia de la Mina, o India. Lo qual quadra mucho con el nombre, que tomaron, y tienen aqllas nueuas tierras. Tambien ay que diga que aporto la caruela a Portugal. Y quie diga que a la Madera, o a otra de las islas de los Açores. Empero ninguno afirma nada. Solamente concuerdan todos en que falleçio aquel piloto en casa de Christoual Colon. En cuyo poder quedaron las escrituras de la carauella. Y la relacion de todo aql luengo viage con la marca y altura de las tierras, nueuamete vistas y halladas.»... Vino (Colomb) a Portugal *por tomar razom de la costa meridional de África y de lo que mas portugueses nauegauā para mejor hazer y veder sus cartas*. Casoje en aquel reyno : e como dizen muchos, en la isla de la Madera. Donde pienso que residia ala sasō que llego alli la carauela biso dicha. Hospedo al patron della en su casa. El ql le dixo el viage, que le auia sucedido. Y las nueuas tierras que auia visto, *para que se las asentasse en vna carta de marear que se compraua*. Y dexole la relaciō, traça y altura de las nueuas tierras. Y asi tuuo Christoual Colon, noticia de las Indias... Muertos que fueran el piloto y marineros de la carauela espanola, que descubrio las Indias, propuso Christoual Colon de las yr a buscar... «*Hist. g. de las Indias.*»
   [82] A queste cose é stato contradetto, quasi come parole fauolose non degne di fede...
   Questa si crede che fosse la cagione che mouesse Colombo ad andare a cercare l'Indie, peró noi possiamo credere che Gomea si mettesse a confonder con motte inuentioni la veritá e hauesse animo di diminuire la fama di Christofáno Colombo non potendo sopportar molti, che vn Italiano hablia conquistato tanto honore e tanta glo-

zoni le rapporte, tout en ajoutant que Gomara l'avait dénaturé. Pendant le même XVIe siècle le fait est relaté [83] par

ria non solamente fra la natione spagnuola ma infra tutte quelle del Mondo.» *La hist. del mondo nvovo.* Ed. 1565.

Benzoni passa comme aventurier en Amérique, en 1541, et y demeura fort long-temps. *Il parait avoir été animé d'un zèle ardent pour la gloire de l'Italie, sa patrie* .. Robertson : *Hist. phil. et polit. des établ. et du comm. des Europ.* etc. Avignon, 1786.

═══ L'aventurier milanais y est très injuste pour Gomara qui fut l'un des premiers apologistes de Colomb. Mais ce n'est pas seulement Benzoni qui fut injuste envers les historiens espagnols, Ramusio le fut aussi, lorsqu'il dit :
«... hauedolo il nostro Signor Iddio eletto (*a Colomb*) et datogli valore et grādezza d'animo p. faz cosi grande enpresa : la qual essendo stata la piu marauigliosa et la piu grāde che gia infiniti secoli sia stata fatta molti maestri pilotti et marinari di Spagna, paredo loro inquesta cosa esser tocchi pur troppo a detro nell'honore, essedo palese al modo, che ad vn'huomo forasticro et Genouese, era bastato l'animo di far quello, che essi non haueueno mai saputo ne tetato di fare, s'imaginarono per abbassar la gloria del Signor Christoforo, vna fauola piena di malignità et de tristitia di poi ql'Historici Spanuoli, che scriuono tutto questo successo non potendo faz dinominar l'auttore di cosi stupendo et glorioso fatto, che ha portati tāti thesori alla corona di Castiglia et a tutta Spagna, tolfero ad approuar la detta fauola et dipingerla con mille colori, laqual é tale :...» *Navig. et viaggi*, ed. de 1563.

[83] «Aviendo mostrado que no lleua camino pensar que los primeros moradores de Indias ayan venido a ellas con nauegacion hecha para esse fin, bien si sigue que se vinieron por mar aya sido acaso y por fuerça de tormentas el auer llegado a Indias. Lo qual por immenso que sea el mar Oceano no es cosa incryble. Porque pues assi sucedio en *el descubrimiento de nuestros tiempos quando aquel marinero* (cuyo nombre aun no sabemos, para que negocio tan gran no se atribuya a otro autor sino a Dios) *auiendo por vn terrible é importuno temporal reconocido el nuevo mundo*, dexó por paga del buen hospedage a Christoual Colon la noticia de cosa tan grande. Assi pudo ser que algunas gentes de Europa o de Africa antiguamente ayan sido arrebatadas de la fuerça de el viento y arrojadas a tierras no conocidas, passado el mar Oceano. *Quien no sabe que muchas ó las mas de las regiones*, que se han descubierto en este nouo mundo ha sido por esta forma?...» *Hist. nat. y moral de las Ind.* ed. 1590. — *Acosta*.

═══ Pour affirmer cette opinion du savant Acosta, on trouve l'indication assez précise de la découverte du Brésil et même de l'établissement de quelques Portugais dans ce pays avant les voyages de Colomb et Cabral, dans un manuscrit daté de Santos, du 3 juillet 1784, conservé dans les archives du monastère de St. Benoît, dans la ville de St. Paul, manuscrit dont M. le Dr. Manoel Joaq. do Amaral Gurgel a pris une copie que a été publiée dans la Revue de l'Institut d'Histoire et de Géographie du Brésil (*Revista trimensal de historia e geographia*, jornal do Inst. hist. e geogr. brasileiro, Tom. II, trim. IV, n.º 8, ps. 427, 2.ceux ed.). L'auteur est le Dr. Fr. Gaspar da Madre de Deus. Il dit :

•*Ordenão-me que diga os annos em que se descobrirão as Americas e o Brasil;* outrosim que noticie quantas Religiões existem neste Principado e as epochas das suas entradas e fundações : *como sou obrigado direi o que souber*. Uma tempestade horrorosa que constituiu *Affonso Sanches* na precisão de discorrer por mares nunca d'antes navegados, ate certa altura donde avistou certa terra desconhecida, *á qual não poude arribar*, como desejava, por se mudarem os ventos para rumos contrarios ao seu designio, occasionou *a este piloto Andaluz* como dizem uns, *ou Portuguez* como que-

Acosta (1590) et Mariana [84] (1592). En 1609 Garcilasso de la Vega (Pérou) qui était venu en Portugal et aux Açores raconte

rem outros, a ventura de noticiar no mundo antigo a existencia do novo. *Instruido por elle Christovão Colon*, outro piloto Genovez, *morador na Ilha da Madeira*, aonde hospedara ao primeiro, que morreu na sua casa, depois de alli chegar enfermo e derrotado, *guiando-se tambem por uma carta em que o defunto havia arrumado a terra incognita*, fez-se memoravel este heroe com o descobrimento d'America, *valerosa e felizmente executado por elle* no anno de 1492. D'aqui veio crer-se, como artigo de fé historica, que Colon e seus companheiros forão os primeiros Europeos que entrarão na America ; *o contrario porem se infere do testamento de João Ramalho, um Portuguez, natural de Broncela na Provincia da Beira*, a quem o illustre Martins Affonso de Sousa, conquistador e primeiro donatario da Capitania de S. Vicente, hoje chamada de S. Paulo *deveu a facilidade com que fez o seu estabelecimento nesta Provincia, sendo nella recebido amigavelmente pelo senhor da terra* Tibecerá, *regulo Guianazes e senhor das aldeas do Piratininga, o qual em respeito a João Ramalho, seu genro* mandou a Bertioga 300 indios armados e na terra delles *do dito Ramalho* para defenderem os brancos que haviam entrado pela dita Barra de Bertioga e estavam construindo um forte de madeira *no logar onde hoje existe a armação das Baleas*, para nelle se defenderem, o qual socorro pedirão João Ramalho por saber que os Maioraes de algumas aldeas se armavam para disputarem o nosso estabelecimento. Com effeito ; vierão os caciques de Itú e outros mais visinhos com seus guerreiros, todos resolvidos a darem o condigno castigo aos hospedes que reputavam usurpadores das suas terras; chegando porém mais tarde que a gente do Tibereçá, vendo que este protegia aos brancos, *e conhecendo que erão naturaes de Ramalho*, seguirão o exemplo do Regulo mais poderoso e todo o bellico apparato se trocou em festas e congratulações amigaveis. Eu tenho uma copia do testamento original de João Ramalho, escrito nas notas da Villa de S. Paulo pelo Tabellião Lourenço Vaz, aos 3 de Maio de 1580. Á factura do dito testamento, alem do referido Tabellião, assistiram o Juiz Ordinario Pedro Dias e quatro testemunhas, os quaes todos ouvirão as disposições do testador. Elle duas vezes repetiu *que tinha alguns noventa annos de assistencia nesta terra* sem que alguns dos circunstantes lhe advertisse que se enganava, o que certamente fariam se o velho por caduco errasse a conta, porque bem sabião todos que em 1580 *ainda não chegavam a 50 annos a assistencia dos portugueses na Capitania de S. Vicente, aonde entrara* Martim Affonso de Sousa com a sua armada *em dia de S. Vicente, 22 de janeiro de 1532*, e este facto tão notavel não podia ignorar morador algum de S. Paulo, por ainda existirem nesse tempo alguns povoadores que vierão na armada com suas mulheres e seus filhos. Eu pudera numerar alguns dos primeiros que vivião e fizerão testamento no anno de 1601. Se pois na era de 1580 contava João Ramalho alguns noventa annos de residencia no Brazil, *segue-se que aqui entrou em 1490*, pouco mais ou menos, e como a America pela parte do Norte foi descoberta em 1492, resulta que no Brazil assistirão Portugueses, 8 annos (?) pouco mais ou menos, antes de se saber na Europa que existia o mundo novo : digo Portugueses no plural porque das Memorias do Padre Jorge Moreira, escriptas no meio do seculo passado, *consta que com João Ramalho veio Antonio Rodrigues, o qual*, diz o author, *casara com uma filha do Piquirobi* Cacique da Aldea de Hururay. Alem de que é necessario que antes de Martim Affonso chegar ao Brazil tivessem arribado portugueses á capitania de S. Vicente para ser verdadeiro o facto d'onde a Historia Argentina manuscripta em Castelhano, e o francez Jesuita Francisco Xavier de Carlevais deduzem a denominação do Rio da Prata. O dito João Ramalho e seus companheiros só podião vir em alguma embarcação que fizesse viagem para a Asia ou Ethiopia e désse á costa na praia de Santos, *entrando no numero de varias que desapareceram sem nunca mais se saber no Reino que fim levarão.*»

que cet événement avait eu lieu à l'île de Terceira, en 1484 à peu près, alors que Colomb y habitait, que le pilote se nommait Alonzo Sanchez et était de Huelva, [85] d'après ce qu'il se rappelait

---

Ces dernières paroles nous rapellent la phrase si vraie de Malte-Brun :
«Combien d'aventureuses courses dont l'histoire n'a conservé aucun souvenir ! *Combien d'infortunés précurseurs de Christophe Colomb* qui, engloutis dans les flots de l'Océan ou naufragés sur quelque plage déserte, n'ont recueilli pour fruit de leur noble audace qu'une mort ignorée !»

[84] «La empresa mas memorable, de mayor honra y provecho que jamás sucedio en Espana, fue el descubrimiento de las indias occidentales, las quales con razon por su grandeza llaman el Nuevo Mundo : cosa maravillosa, y que de tantos siglos estaba reservada para esta edad. La ocasion y principio d'esta nueva navegacion y descobrimiento *fue en esta manera*. Cierta nave desde la costa de Africa do andaba ocupada en los tratos de aquellas partes, arrebatada con un recio temporal aportó á ciertas tierras no conocidas. Pasados algunos dias, y socegada la tempestad, como diese la vuelta, muertos de hambre y mal pasar casi todos los pasajeros y marineros, el maestro con tres ó cuatro companeros ultimamente llegó á la isla de la Madera. Hallábase acaso en aquella isla Cristoual Colon ginovés de nacion, que estaba casado en Portugal y era muy ejercitado en el arte de navegar, persona de gran corazon y altos pensamientos. Este albergó en su posada al maestre de aquel navio y como falleciese en breve dejó en poder de Colon los memoriales y avisos que traia de toda aquella navegacion. Con esta ocasion ora haya sido la verdadera o sea por la astrologia en que era ejercitado, ó como otros dicen por aviso que le dió un cierto Marco Polo, médico florentin, el se resolvió en que de la otra parte del mundo descubierto y de sus terminos hácia do se pone el sol habia tierras muy grandes y espaciosas.» *Hist. gener. de Espana. — Mariana.*

[85] «Cerca del ano de mil y quatrocientos y ochenta y quatro, *vno mas, ó menos*, vn Piloto natural de la Villa de Huelva, en el Condado de Niebia, llamado Alonso Sanchez de Huelva tenia vn Navio pequeno con el qual contratava por la Mar, y llevava de Espana á las Canarias algunas mercaderias, que alli se le vendian bien, y de las Canarias cargaba de los frutos de aquellas islas y las llevava á la Isla de la Madera y de alli se bolvia á Espana cargado de Açucar y Conservas. Andando en esta su triangular contratacion, *atravesando de las Canarias á la Isla de la Madera*, le dió vn temporal tan recio y tempestuoso que no pudiendo resistirle se dejó llevar de la tormenta y corrio veinte y ocho, ó veinte y nueve dias sin saber por donde ni á donde; porque en todo este tiempo no pudo tomar el altura por el sol ni por Norte. Padecieron los de el Navio grandissimo trabajo en la tormenta, porque ni les dejava comer ni dormir : al cabo deste largo tiempo se aplacó el viento y se hallaron cerca de vna isla ; no se sabe de cierto qual fue mas de que se sospecha que fue la que aora llaman Santo Domingo, y es de mucha consideracion que el viento que con tanta violencia y tormenta llevó aquelle Navio no pude ser otro sino el Solano que llaman Leste, porque la Isla de Santo Domingo está al Poniente de las Canarias; el qual viento en aquel viage, antes aplaca las tormentas, que las levanta. Mas el Senor todo poderoso quando quiere hacer misericordias... El Piloto *saltó en tierra, tomó el altura y escrivio por menudo* todo lo que vió, y lo que le sucedió por la Mar á ida, y buelta; y aviendo *tomado agua y lena*, se bolvió a tiento, sin saber el viage tampoco á la venida como á la ida, por lo qual gastó mas tiempo del que le convenia ; y por lá dilacion del camino, les faltó el agua y el bastimento; de cuya causa y por el mucho trabajo que á ida y venida avian padescido, empeçaron á enfermar y morir de tal manera que de diez y siete hombres que salieron de Espana, no llegaron à la Tercera mas de cinco y entre ellos el Piloto Alonso Sanchez de Huelva. Fueron à parar á casa

avoir entendu dire. [86] Un écrivain qui, faisant dans le dernier siècle un livre d'investigations historiques, à Rome, dut néces-

del Famoso Christoval Colon, ginovéz, porque supieron que *era gran Piloto y Cosmographo y que hacia Cartas de marear*. El qual los recibió con mucho amor, *y les hiço todo regalo, por saber cosas acaescidas en tan estraño y largo naufragio*, como el que decian aver padescido. Y como llegaron tan descaecidos del trabajo pasado por mucho que Christoval Colon les regaló no pudieron bolver en si y murieron todos en su casa, dejandole em herencia los trabajos que les causarom la muerte *los quales acceptó el gran Colon com tanto animo y esfuerço que aviendo sufrido otros tan grandes y aun mayores* (pues duraron mas tiempo) salio con la empresa de dar, el Nuovo Mundo y sus riqueças á Espana como lo puso por blason en sus Armas, diciendo : «A Castilla y a Leon Nuovo Mundo dió Colon.» Quien quisier ver las grandes haçañas deste Varon vea la *Historia General de las Indias*, que Francisco Lopez de Gomara escrevió...

«Yo quise anadir esse poco que faltó de la Relacion de aquel Antiguo Historiador que como escrivio lejos de donde acaecieron estas cosas...

« Y yo las oi en mi *Tierra á mi Padre y a sus contemporaneos* que en aquellos tiempos la mayor y mas ordinaria conversacion que tenian era repetir las cosas mas haçanosas y notables que en sus Conquistas avian acaescido; *donde contavan lo que hemos dicho y otras... que como alcançaron a muchos de los primeros Descubridores y Conquistadores del Nuevo Mundo huvieron dellos la entera relacion de semejantes cosas*, y yo, como digo, las oi a mis maiores (aunque como muchacho) con poca atencion que si entonçes la tuviera, pudiera aora escrever otras muchas...

«El muy R. P. Joseph de Acosta toca tambien esta Historia del Descubrimiento del Nuevo Mundo, con pena de no poderla dar entera, que tambien faltó à su Paternidad parte de la Relacion en este paso...

«Este fue el primer principio y origen del Descubrimiento del Nuevo Mundo, de la qual grandeça podia loarse la pequeña Villa de Huelva que tal hijo crió, de cuya Relacion certificado Christoval Colon, insistio tanto en su demanda, prometiendo cosas nunca vistas ni oidas *guardando como hombre prudente el secreto dellas aunque debajo de confiança dio cuenta dellas á algunas personas de mucha autoridad acerca de los Reys Catolicos que le ayudaron a salir com su empresa, que si no fuera por esta noticia que Alonso Sanchez de Huelva le dió, no pudiera de sola su imaginacion de Cosmographia, prometer tanto y tan certificado*, como prometió, ni salir tan presto con la Empresa del Descubrimiento ; pues segun aquel autor no tardó Colon mas de sessenta y ocho dias en el viage hasta la Isla Guanatianico, con detener-se, etc...» *Primera Parte de los Commentarios reales que tratan de el origen de los Incas*, etc.— Garcilaso de la Vega.

[86] «Naquella parte de Andaluzia aonde chamão o Condado de Niebla, havia hum homem de profissão piloto : seu nome era Affonso Sanches, natural da villa de Guelva; tratava este em navegar ás ilhas da Canaria e destas á ilha da Madeira, onde carregava açucares, conservas e outros frutos da terra pera Hespanha *(suposto que outras querem que fosse portuguez este homem)*. Succedeo pois que partindo este homem *(qualquer que fosse)* no anno do Senhor de 1492 (c'est un équivoque, comme on peut voir facilement) de huma destas ilhas, foi arrebatado de ventos e agoas por esse mar immenso á parte do Poente, paragem fora de todo o comercio dos navegantes, destroçado e quasi perdido; ate que passados vinte dias chegou a avistar certa terra desconhecida e nunca d'antes vista nem sabida : ficou espantado o piloto *e não se atrevendo buscal-a mais ao perto* porque tratava então só da vida e porque temia que de todo faltassem os mantimensos, *demarcou-a somente* e tornou a buscar seu caminho e demandar a ilha da Madeira, aonde finalmente chegou mas tão consumido da fome e trabalho que em breves dias acabou a vida. Acertou de suceder sua morte em casa

sairement puiser à de nombreuses sources, le P. François de Fonseca, dit positivement que cet événement avait eu lieu en 1486, [87] à Madère, et que le pilote qui y avait abordé à la suite d'une tempête et qui avait marqué sur sa carte les îles améri-

de Christovão Colon, genovez e tambem piloto : com este (vendo que morria) communicou o segredo que vira, dando-lhe relação por extenso de tudo, e deixando-lhe em agradecimento da hospedagem sua mesma carta de marear onde tinha demarcado a terra. Não cabio no chão a Colon a nova noticia de cousas tão grandes: entrou em pensamentos levantados de procurar adquerir honra e fama e faser-se descobridor de alguma nova parte do mundo. Porém como era homem commum e sem cabedal andou procurando ajuda de custo de Reino em Reino... *foi a Florença, passou a Castella, desta a Portugal e Inglaterra* e em todos estes Reinos sem effeito algum porque não era crido nem ouvido senão por zombaria, reputado por homem que contava sonhos. Tornou *segunda vez* aos Reis de Castella, Fernando e Isabel,... venceo finalmente o tempo e a constancia de Colon...
 «Derão principio a sua viagem sahindo de hum porto de Castella chamado Pallos de Mugel com 120 companheiros somente (*a huma empresa, a maior que o mundo vira até áquelle tempo*)... A 3 de Agosto do anno do senhor 1492 chegarão a Gomeira...
 ... era Colon outro Jason famoso, *descobridor do velo de ouro, prudente e esforçado*...
 Chronica da Companhia de Jesus do Estado do Brazil etc. — P.e *Simoes de Vasconcellos* — 2.ª ed.
 ━━━ Le P.e Vasconcellos consulta pour cette narration, d'après une note, l. 1 c. 3 ; Joseph da Costa, *De Novo Orbe*, liv. 1 ch. 2 ; Aff. de Ovalle, *hist. do Chili*, liv. IV, ch. 4 ; Gonç. Illescas, *Hist. pontif.* part. II ; *Hist. gen. de las Indias*, liv. 1. fol. 228 ; F. Gonsaga, fol. 1198 ; Oviedo, liv. II, ch. 25 ; Herr. Dec. I liv. I ch. 8 ; *Theat. orbis. Descrip. Amer.* Abraham Ortelius ; et les «*approvações*» officielles du livre (en 1661) disent que tout ce que Simão de Vasconcellos raconte dans sa Chronique est conforme à ce qu'affirment les investigations historiques, les documents et les traditions de l'Etat du Brésil : *Tudo o que escreve ou são experiencias repetidas ou tradições constantes ou escripturas abonadas*.»
 ━━━ Colomb visita Huelva peu de temps après sa sortie de Portugal et on a essayé d'expliquer cette visite quelque peu obscure. D'après la déposition de Garcia Fernandez médecin à Palos de Moguer, dans un procès entre le fils du navigateur, D. Diogo, et l'État, Christophe Colomb avait dit qu'il allait à Huelva pour rendre visite à un sien beau-frère. I. Vashington dit que ce beau-frère devait être Pedro Correia, mais il n'a de notice que sur le capitaine de la Graciosa.
 Quoi qu'il en soit, on voit combien est fausse l'opinion de Tiraboschi (*St. della Litt*) lorsqu'il dit que l'histoire du pilote *appena trovó fede presso il vil vulgo*. D'autres écrivains ont dit quelque chose de semblable. C'est n'est pas la vérité ; toutefois on doit observer que dans la critique moderne, dans la critique vraiment scientifique «les voix du peuple» ne sont pas tout-à-fait à dédaigner. On est un peu plus démocratique aujourd'hui...
 [87] Cette date de 1486 est assez singulière puisque l'on doit supposer que les écrivains qui la rapportent ne devaient pas ignorer que l'année 1484 était l'époque à laquelle on croyait qu'avait eu lieu le départ de Colomb se rendant en Espagne, où effectivement il se trouvait déjà vers la fin de 1486. Colomb aurait-il toutefois quitté effectivement le Portugal en 1484 ?

caines était Alphonse Sanches, pilote d'une caravelle de Cascaes qui faisait le commerce du sucre entre Lisbonne et Madère. [88] Malheureusement il omet de dire où il a trouvé une indication si précise. Il est singulier que justement en 1484 et en 1486, dates assignées au fait en question, des hommes de Madère et des Açores, paraissant se guider sur des indications déterminées, fassent quelques tentatives dans le but de découvrir la terre ferme ou l'île que, suivant une des donations, l'on présume être celle de Sete-Cidades (Antilia). Mais ce qui est encore plus singulier c'est que ce soit à la même époque et après quatorze ou quinze ans de séjour en Portugal que Colomb, ne se refusant plus à aucun sacrifice, abandonne le pays qui était devenu pour lui une seconde patrie, entraînant son frère qui y est établi à l'abandonner aussi. L'histoire du pilote Sanchez n'a réellement rien d'extraordinaire, elle n'est pas revêtue de la forme romanesque, elle ne porte point le cachet de savantes légendes du même genre comme celles d'Arfet et Machim, par exemple.

---

[88] «Neste mesmo anno de 1486, para que nem esta gloria faltasse á nação portugueza, Affonso Sanches, Mestre de hua Caravella de Cascaes descobrio aquelle novo mundo, a que depois chamarão America. Tinha Affonso Sanches por officio o navegar de Lisboa á Ilha da Madeira a carregar os seus preciosos assucares, e fasendo neste anno a costumada viagem hua furiosa tormenta apartando-o do seo rumbo, o fez correr do Poente por hum imenso Occeano por espasso de muytos dias, no fim dos quaes avistou terra nas Ilhas do Golfo do Mexico, tomou nella os refrescos necessarios e tendo-a muyto bem arrumada e demarcada voltou a proa para a Madeyra, onde chegou tão doente e maltratado que não se podia ter em pé. A doença o obrigou a desembarcar logo e recolher-se em casa de Christovão Colon, que era hum Genovez, *que vivia na cidade do Funchal* e ganhava a sua vida com ter casa de pasto e pintar as cartas de marear para o que naquelle tempo era necessaria pouca sciencia, por ser o Mediterraneo o principal theatro das navegações Europeas, e aggravando-se-lhe a enfermidade para se mostrar agradecido ao seo hospede, lhe deo as suas cartas de marear e o roteyro que tinha feyto desde a Terra nova até á Madeyra, dizendo : que nellas lhe dava o mayor morgado que se podia dar neste mundo. Assim foy porque Colon com os favores dos Reys Catholicos e ajuda dos dous irmãos Martinho e Affonso Puiçon partindo com tres Caravellas aos 3 de agosto de 1492 descobrio as novas terras aos 11 de Outubro do mesmo anno ; e voltou triumphante a Lisboa aos 6 de Março do de 1493 com grande magoa delRey D. João II a quem elle se tinha offerecido para descobrir em seu Real nome as novas terras e ElRey tinha desprezado, como impossivel a sua offerta.» *Evora Gloriosa — Epit. da Evora Illustr.* etc. *Roma* : 1728.

L'hésitation qui se manifeste au moment d'assigner une nationalité au navire qui a abordé en Amérique avant Colomb semble encore mieux réfuter l'accusation de fantaisie patriotique portée contre cette histoire. On ne peut non plus y trouver soit un intérêt individuel, soit du charlatanisme de voyageur, puisque l'on rapporte que le pilote et ses compagnons moururent peu de temps après leur retour. Enfin il ne nous semble pas qu'une tradition si vivace, paraissant à une époque si rapprochée des faits qu'elle essaye d'expliquer, affirmée et acceptée par des hommes ayant tous les moyens de la vérifier, soit autant à dédaigner que le veulent quelques écrivains, surtout après qu'il est avéré que l'idée d'une terre ignorée ou perdue vers l'occident existait déjà, que cette idée avait donné lieu à plus d'une tentative de découverte et qu'elle avait apparu également dans la cosmographie portugaise corroborant la recherche, par l'Occident, d'une route vers l'Inde, et enfin lorsqu'il est reconnu que Colomb avait navigué pendant longtemps avec les Portugais, que dans ces navigations et à cause d'elles son désir de découvertes s'était réveillé, qu'il avait reçu des renseignements des aventuriers portugais et ceux qui auraient pu lui être fournis par les papiers de son beau-père, et que dans ses papiers à lui il y avait des indications faites par des pilotes portugais au sujet des terres occidentales.

En établissant que Colomb avait consulté Toscannelli au commencement de l'année 1874, fait qui est sujet à discussion, Humboldt dit que cette date «infirme directement le conte rapporté par l'Inca Garcilasso, par Gomara et Acosta,» attendu que le voyage d'Alonso Sanches est de dix ans postérieur à cette correspondance. Toutefois, Colomb pouvait avoir eu déjà les idées qu'on lui attribue, quelques mots de ces historiens semblent même justifier cette hypothèse; la date du voyage du pilote n'est pas très précisément déterminée, et de ce que Colomb avait consulté Toscanelli sur la découverte de l'Inde par l'ouest, ce qu'avait fait déjà Alfonso V, on ne peut pas conclure qu'il n'eût pas reçu l'information rapportée par Gomara et d'autres, que même cette information *pratique* n'eût pas confirmé l'information *théorique* de Toscanelli, et ne l'eût fortifié dans ses désirs. Je ne discute pas la constante prévention qui aurait pour but de faire croire que l'histoire du pilote ne fut inventée que pour amoindrir le mérite de Colomb, mais on doit remarquer néanmoins que cette prévention ne semble pas justifiée par Oviede, Gomara, Garibay, Fructuoso, Mariana, Acosta, Garcilasso, Simões de Vasconcellos, etc., ni par les autres faits concernant l'histoire des découvertes portugaises et espagnoles, dans lesquelles figurent plusieurs étrangers. Le mérite de Colomb n'est pas amoindri par l'histoire du pilote, par les importantes indications qu'il aurait reçues des navigations et des navigateurs portugais, ni parce qu'il aurait refait ici ses études et ses projets, ainsi que Humboldt le reconnaît.

Comme le dit ce grand homme: «C'est ce triple caractère d'instruction, d'audace et de longue patience que nous avons à signaler surtout dans Christophe Colomb. Au commencement d'une ère nouvelle, sur la limite incertaine où se confondent le moyen-âge et les temps modernes, cette grande figure domine le siècle dont il a reçu le mouvement et qu'il vivifie à son tour.»

C'est cela. Seulement il y domine en homme et il n'y domine pas tout seul.

On a fait de Colomb un prédestiné, un élu, presque un Messie. Il aimait à se considérer comme tel, ainsi que le dit son contemporain Aug. Justiniani, et comme on peut le voir dans quelques-uns de ses ouvrages à lui. Pour Colomb, rien de plus naturel; mais la critique moderne est tout autre chose que la mystique.

S'il n'est point juste d'amoindrir le mérite de Colomb il ne l'est pas davantage d'attaquer le crédit et la bonne foi d'historiens respectables et d'obscurcir l'histoire des nations où Colomb vint puiser sa science et qui furent le véritable berceau de sa gloire. *Eam esse historiæ legem, ne quid falsi dicere andeat nequid veri non audeat.*

II

Parvenus à ce point, il nous paraît opportun de parler d'une suite assez remarquable de tentatives faites par une noble famille portugaise chez qui le fait de la découverte de l'Amérique septentrionale semble être devenu une tradition de famille. Je veux parler des Cortereal des Açores. La coutume généralement répandue fait dater les voyages des Cortereal du commencement du XVIe siècle. Malte-Brun dit que la terre du Labrador fut découverte par les Portugais en 1495, [89] mais il est probable qu'il y a confusion avec le soi-disant voyage des Cabot dans la même année. La première notice développée que les chroniqueurs nous fournissent de la découverte du nord de l'Amérique par les Portugais a trait à l'expédition de Gaspard Cortereal en 1500. L'on doit toutefois remarquer que les chroniqueurs officiels ne signalent pas, ce qui d'ailleurs ne leur eût pas été possible, toutes les expéditions entreprises, surtout celles qui étaient dues à l'initiative particulière. [90] C'est ainsi que

---

[89] Geog. Univ. 6.ieme ed. vol. vi — 1853, ps. 43.
[90] «Tambem se descobrio as ilhas de S. Thomé... por mandado delrei D. Affonso... porem sabemos na voz commum serem mais cousas passadas e descobertas no tempo deste rey do que temos escripto. Barros. — Muitos querem dizer *que neste tempo* (découverte de Mina : 146...) *foram terras e ilhas descubertas de que já não ha memoria.*» Galvão : Trat dos Desc.
«Quanto ao tempo em que esta ilha (de S. Thomé) se descobrisse e quem fosse o author deste descobrimento não ha certesa como tambem a não ha de outras muitas cousas que aconteceram *no tempo delrey D. Affonso V* ou por falta e negligencia dos Chronistas daquelle tempo ou por se perderem e consumirem os papeis e memorias d'aquella idade.» — *M. Correa : Comm. a Camoes : C. 5, est. 12.*
D'après un document émané du Conseil Communal de Faro, le découvreur de cette île St. Thomas fut Alvaro Caminha Souto Maior.

Barros, le grand investigateur, avoue que, outre les découvertes dont il fait mention ayant trait au règne d'Alphonse V, il en connaît nombre d'autres qui se sont faites et qui sont à la connaissance de tout le monde. L'on doit ajouter aussi que dans la donation faite à Gaspard Cortereal, à Cintra, le 12 mars 1500, des îles ou de la terre ferme qu'il pourrait découvrir, il est dit que déjà à *d'autres époques* il les avait cherchées *pour son compte et à ses dépens.* [91] On comprend facilement que ce n'était qu'après différentes tentatives particulières faites à leurs dépens que les nobles *donataires* avaient recours à la protection royale. Il devient donc évident que l'on fit des tentatives antérieurement à celle qui fut si sûrement et si heureusement effectuée en 1500. Il se présente toutefois un fait bien plus important. P. A. Cordeiro, historien insulaire, raconte que Alvaro Martins Homem et João Vaz Cortereal (père de Gaspard Cortereal) faisant voile vers le Nord «découvrirent l'île des Morues», qu'à leur retour ils abordèrent à Terceira et que, y trouvant la capitainerie (*capitania*) vacante par la mort de Jacome de Bruges, ils vinrent la demander à l'infante D. Brites, veuve de l'infant D. Fernand et tutrice de l'infant duc D. Diogo, qui la leur accorda sous la condition qu'ils la partageraient entre eux. [92] Ce dernier fait est confirmé

---

[91] Arch. roy. de Lisbonne (*Torre do Tombo*) ; J. de Torres: *Orig. dos desc. port.* (*Revista Açor.*) etc.

[92] «Estando pois vaga a Capitania da Terceira pela falta do primeiro Capitão Jacome de Bruges, succedeu aportarem á Terceira dois fidalgos *que vinham da Terra dos Bacalhaus que por mandado delrey de Portugal tinham ido descobrir;* hum se chamava João Vaz Cortereal e o outro Alvaro Martins Homem, *e informando-se da terra lhes contentou tanto que em chegando a Portugal a pedirão de mercê por seus serviços...*

«Alvaro Martins Homem não era de menos qualidade e fidalguia que seu companheiro João Vaz Cortereal *pois egualmente a ambos tinha elrey mandado a descobrir a terra dos Bacalhaus, e della vindo ambos junctos aportarão na nova Ilha Terceira... Hist. Insul.*

══ João Vaz (Jean Vaz) était un bâtard, fils de Vasco Annes da Costa, gentilhomme aventurier qui avait reçu du roi le sobriquet de *Corte Real* (Cour royale) à cause de la magnificence de sa maison ou de sa suite. João Vaz se voua aux aventures de la mer comme tant d'autres gentilshommes ses contemporains et on dit même qu'il

par l'acte de donation à Jean Vaz, daté d'Evora, du 2 avril 1464. Cette donation est accordée en récompense des services rendus par les deux gentilshommes à D. Brites et aux infants son mari et son fils. Il est à remarquer que le 10 décembre 1457 Alphonse V avait fait donation à l'infant D. Fernand de toutes les îles qui seraient découvertes. En vue de la date de la donation et de ce qu'avance le P. Cordeiro, la découverte qu'il indique comme un fait public et non contesté dut nécessairement avoir lieu avant 1464, au plus en 1463. L'on se demande, il est vrai, pourquoi les deux navigateurs préférèrent la capitainerie de Terceira à celle des îles qu'ils avaient découvertes, mais on ne doit plus s'en étonner si l'on considère que Terceira était déjà une capitainerie faite, peuplée, connue et en voie d'accroissement, tandis que celle de la terre découverte imposait toutes les charges et tous les inconvénients d'un premier établissement; en outre les glaces du Nord avaient peut-être fait perdre aux deux navigateurs le désir de s'y établir. Il est donc clair que pas plus que la première objection cette hypothèse, prise isolément, n'a de valeur critique. Différents faits nous indiquent une série de voyages et de tentatives de décou-

---

fit la course. Pendant cette vie d'aventures il enleva en Galice une très jolie demoiselle dont il fit sa femme. Dans un mss. de la Bibl. de Lisbonne on lit :

«João Vaz Cortereal, filho segundo bastardo de Vasco Annes Cortereal... foi porteiro mór do Infante D. Fernando, capitão da Ilha 3.ª da parte de Angra ; andou no mar com *Navios a Corso*, e indo a Galiza roubou a maria de Abarca por ser muito fermoza, natural do Lugar de Abarca ; daqual fala Fr. Prudencio do Sandoval na Linhage dos da Casa de Astorga que foi patria ou fundação delRey D. Sancho Abarca, a qual dizem que recebera por sua mulher. Outros dizem que este João Vaz era cavaleiro de malta e que não podia casar, porem consta por dois testamentos seus que a dita maria da Abarca, filha de Pedro de Abarca, fidalgo de Tuy fora sua legitima mulher. O 1.º *feito na Ilha da madeira* em 17 de 7.bro de 1494 e aprovado a 16 de dez.bro do d.º anno. O 2.º feito na Ilha 3.ª, a 3 de Fevereiro de 1496, dos quaes se vé não haver sido cavaleiro professo da dita Religião de S. João de malta e haver tido da dita sua mulher : Vasco Annes Cortereal, — Miguel Cortereal, — Gaspar Cortereal, — D. Joanna Cortereal, m.er de Guilherme moniz. — D. Eyria Cortereal, m.er de Pedro de goes da Silva ; — D. Isabel Cortereal, m.er *de Job de Ultra*.»

Familias de Portugal, tiradas dos melhores nobiliarios do Reino, etc, por *Jacinto Leitão Manso de Lima*, etc. Tom. 6. MSS

vertes poussées dans la direction O. N. O. série à laquelle nous pouvons assigner comme points extrêmes la première expédition à l'archipel des Açores en 1431 et celle de Gaspard Cortereal au nord de l'Amérique en 1500. Outre les faits déjà signalés, il existe deux traditions de véritable découverte et qui sont indiquées par d'anciens écrivains. La première est celle du pilote qui mourut chez Colomb et dont nons avons déjà parlé; la seconde est celle d'un certain Gaspard Gonsalves, de Ribeira Secca (île de Terceira) qui, dit-on, à l'époque où Martin Behain se trouvait dans l'archipel, découvrit au nord des Açores une île dont on ne put retrouver ensuite la route. [93] Si l'exploration des côtes africaines était l'entreprise la plus suivie, il est évident toutefois qu'à cette seule entreprise ne se bornait point l'esprit aventureux et investigateur qui se manifestait avec tant de force en Portugal. En effet nous voyons souvent les expéditions s'écarter de ces côtes et la découverte des îles qui s'en trouvent éloignées comme Madère, les Açores, le Cap Vert. etc. devait encourager les navigateurs à pousser leurs recherches vers l'Occident. A cette dernière circonstance on peut encore ajouter les vieilles croyances déduites de la cosmographie ancienne et encore en 1474 corroborées dans une lettre au roi de Portugal par le savant italien Toscanelli qui assurait que les terres de l'Asie n'étaient pas fort éloignées des côtes africaines; croyances qui conduisirent Colomb à la découverte de l'Amérique et qui encore plus tard faisaient supposer aux navigateurs espagnols qu'ils abordaient dans l'Inde. On cherchait l'Inde, il est vrai, toutefois l'idée prédominante, attestée par les documents de l'époque et soutenue par les succès déjà obtenus, par la situation historique et par les conditions économiques de la société portugaise, était la découverte de nouvelles terres. Dans

---

[93] Cord. *Hist. Ins.* cap. VIII.

l'entreprise même qui avait pour but la recherche de l'Inde nous voyons qu'il apparut alors l'idée de la chercher par la route de l'Occident. On dit que Martin Behain décida le roi de Portugal à envoyer quelques navires au delà des Açores. Il n'existe aucune donnée authentique sur ces expéditions *officielles* qui furent peut-être enveloppées de secret, si ce n'est sur celle que l'on attribue à Jean Vaz Cortereal et qui est même antérieure à l'arrivée en Portugal de l'illustre cosmographe. Il serait cependant quelque peu arbitraire de refuser tout crédit aux indices fournis par différentes donations royales de 1462, 1473, 1475, 1484, 1486, etc. par la tradition et par différents écrivains relativement aux idées de tentatives pour la découverte de terres occidentales avant les voyages de Colomb, de Gaspard Cortereal, de Cabral, de Cabot, etc. Et si l'on admet que les Biscayens avaient pu dans leurs lointaines et audacieuses pêches acquérir quelques notions sur le continent nord américain, il ne faut pas oublier les anciennes et remarquables pêches entreprises par les Portugais. Déjà au XIIe siècle on pêchait la baleine sur les côtes du Minho; le XIVe siècle nous fournit des documents sur cette pêche sur les côtes de l'Algarve, de l'Alemtejo et de l'Extramadure. [94] On l'appelait alors *balasião* ou *baleação*. [95] L'on sait qu'à cette époque nos pêcheurs se rendaient sur les côtes de la Bretagne et de l'Angleterre [96] et il est naturel de supposer qu'ils poussaient encore plus loin leurs expéditions. Le suivant passage de Malte-Brun citant Schlegel et Beckmann, est assez curieux: «L'ancienne colonie scandinave du Groënland

---

[94] Const. Botelho de Lacerda : *Mem. Econ.* (de l'Academie de Lisbonne) vol. IV. Chartes communales *(foraes)* de Coimbra, Villa Nova de Gaya, etc.
[95] Viterbo : *Elucidario*, etc.
«Tam de balasione quam de aliis causis, etc.» — «It. Prœterquam de piscaria quam vobis integre concedimus non de baleatione quam nobis nostris successoribus reservamus.» *Docs. portug. de XII et XIII siècles : Ib.*
[96] Const. Bot. de Lacerda : *Loco cit.*, etc.

payait en *dentes de roardo*» qui paraissent avoir été des défenses de morse, le tribut qui, sous le nom de denier de Saint-Pierre, affluait des extrêmités de la terre [97] (à Roma).» Cette dénomination ne semble-t elle pas parfaitement portugaise? Le *roardo* ne serait-il pas le mot portugais *roaz, robaz? Roaz* est un nom de poisson qui se trouve dans les anciennes chartes (*foral*) d'un de nos bourgs maritimes. [98] Je crois qu'il ne désignait pas la morue mais bien peut-être le *physeter macrocephalus* (Lin), cachalot macrocéphale. Laissant de côté cependant ces détails insignifiants je ferai observer que dans leurs voyages, les pêcheurs portugais s'éloignaient beaucoup des côtes tant dans la direction du Nord où pêchaient les Biscayens, que dans celle du Sud où ces derniers ne pénétrèrent définitivement que plus tard. Ce furent les Portugais qui, les premiers, organisèrent la pêche de la morue sur le banc de Terre Neuve. En 1500 ou 1501, une colonie de gens de Vianna, Aveiro et Terceira, villes et île traditionnellement adonnées à la pêche, alla s'établir à Terre Neuve, [99] et cette industrie prit bientôt de telles proportions en Portugal que, en 1506, dans un décret en date du 14 octobre, le roi recommandait très instamment à Diogo Brandão de faire percevoir dans les ports de la province du Minho la dîme sur les produits de la pêche de Terre Neuve. [100]

---

[97] *Geogr. Univ.* 6.ieme ed. vol. vi, ps. 61.
[98] *Foral de Setubal,* — Moraes : *Dicc.*
[99] S. F. de Mendo Trigoso : *Sobre os Descobrimentos e Comm. dos port. (Mem de Litt. de l'Acad.* vol. viii) ; —J. J. G. de Mattos Correa : *Acerca du prior. das desc. feitas pelos Portug. (Ann. marit. e col.* n.os 6 e 7) ; etc.
———— Dans le grand tremblement de terre à Lisbonne dans l'année de 1755 s'est perdu une œuvre de *Francisco de Sousa*, mss. de 1570, que etait l'histoire de cet remarquable essai de colonisacion portugaise dans le nord de l'Amérique. Barbosa qui a vu le livre en donne le titre, très significatif, dans sa *Bibliot. Lusit.* Il était :
«Tratado das Ilhas novas e descobrimentos dellas e outras cousas... e dos portuguezes que forão de Viana, e das ilhas dos Açores a povoar a terra nova do Bacalháo vae em 70 annos, de que sucedeu o que adiante se trata. Anno do Senhor 1570.
[100] Const. Botelho de Lacerda Lobo : «Sobre a decadencia das Pescarias de Portugal» (Mem. Econ. vol. iv) ; Jose Bonif. d'Andrade (Ib. vol. ii) ; S. F. de Mendo Trigoso (Loco cit.) : Mattos Correa, etc.

Á différentes époques, rien que du port d'Aveiro, soixante navires partirent chaque année pour cette pêche. [101] En 1550, cette petite ville comptait 150 navires de pêche. [102] De nombreuses caravelles quittaient également Porto et d'autres ports de mer pour se rendre à Terre Neuve. [103] Suivant Forster, en 1598, quand déjà commençait la décadence du Portugal, 50 navires de cette nation pêchaient encore dans ces parages. [104] Si cependant les Biscayens poussèrent leurs expéditions de pêche jusqu'à l'Amérique du Nord avant les Portugais, comment expliquer que, en 1511, alors que ces derniers non-seulement y pêchaient déjà mais y étaient même établis, il fut accordé par le gouvernement espagnol permission à un certain Jean d'Agramonte, Catalan, pour s'y rendre avec deux navires *a saber el secreto de la Terra Nueva*, (dans le but de connaître le secret de Terre Neuve)? [105] Cette circonstance est assez significative. Outre cela, si les faits que je viens de citer n'étaient pas suffisants, on pourrait prouver notre établissement dans ces parages en s'appuyant sur le recit même de Verrazani, Florentin au service de la France, et sur le fait de l'établissement des Bretons et des Normands dans ces parages, mais plus au sud, en 1504. Toutes ces circonstances font naturellement naître l'idée

---

[101] *Carv. Corog. Port. 2.ª*, etc.
[102] *Freire*: «Descrip. Corogr.» etc.
[103] *Pimentel*: «Arte de naveg.» etc.
[104] «Voyages to Nord,» etc.
[105] Octobre, 1511 — «Dona Juana, etc. — Por cuanto por parte de vos Juan de Agramonte, catalan, natural de Lérida, que es en el reino de Cataluna me fue fecha relacion quel Rey mi Senor é Padre mandó tomar é tomó cierto concierto é asiento con vos para que vos hayais de ir, é vayais *a vuestra costa y mision*, á descobrir cierta tierra nuova en los limites que a nos pertenescen, segun que en el dicho asiento é concierto se contiene : su tenor de cual dicho asiento es este que se sigue : ElRey. El asiento que por mi mandado se tomó é asentó con vos Juan de Agramonte, catalan, natural de Lérida *para ir á saber el secreto de la Tierra nueva* es este. Primeramente que vos podais ir é vayais con dos navios del grandor que vos paresciere, que sean de mis vasallos súbditos é naturales é asimismo la gente que llevaredes sean naturales de estos reinos ecebto que dos pilotos que llevaredes *sean bretones ó de otra nacion que allá hayan estado á vuestra costa é mision* á la dicha tierra nova por la

suivante, c'est que déjà avant 1501, époque où Gaspard Cortereal revenait de son premier voyage, l'exploration portugaise des côtes nord-américaines devait avoir été commencée et que Cortereal s'y était rendu non pour découvrir ces côtes mais bien pour en découvrir et en reconnaître les limites, le prolongement, les rapports et l'intérieur. Cette idée nous ramène à l'affaire de Cortereal père. Il n'y a réellement rien d'extraordinaire à ce que Jean Vaz Cortereal ou plutôt Jean Vaz da Costa Cortereal, qui s'était donné aux aventures de mer et qui était grand huissier de l'infant D. Fernand, (à qui, le 10 decembre 1457, il est fait donation de toute île que l'on pourrait découvrir), se fût hasardé, avec un de ses amis, Alvaro Martins Homem, également serviteur de l'infant, à faire quelques tentatives pour découvrir des terres occidentales.

Le P. A. Cordeiro dit expressément que ce fut le roi de Portugal qui les envoya à la découverte de la *Terre des Morues*, c'est-à-dire à la découverte dans la direction de l'ONO. Il est assez remarquable que ce fut ce même souverain qui consulta Toscannelli sur la route à suivre pour trouver l'Inde dans cette direction et qui fit la donation citée à l'infant D. Fernand du vivant de l'infant D. Henri à qui on avait fait donation, confirmée par le même roi, des découvertes et conquêtes africaines faites ou à faire. Le fait de la donation de la capitainerie de Terceira à Jean Vaz et à Martins Homem doit être pris en

costa ó parte que mejor os pareciere á vos é á los marineros que con vos lleváredes para el dicho viage, *no tocando en la parte que pertenesce al Serenissimo Rey de Portogal* nuestro hijo... Idem : que por cuanto vos habeis de ir por los pilotos que con vos han de ir al dicho viage *á Bretana*...»

Navarrete: «Coll. vol. III — docs. 31, 32. — On reconnait ainsi la domination portugaise dans une part de la Terra Nova. Vid. *Ramusio*: «Nav. et viag.» vol. III, *Discorso d'vn gran capitano di mare*, etc. C'est claire qu'il n'avaient pas des pilotes espagnols pour deriger cette navigation, et on comprend pourquoi on ne parle pas expréssement des pilotes portugais. Toutefois, je pense que ce projet d'Agramonte échoua, puisque Oviede rapporte qu'a été Stefano Gomes, en 1524, l'éspagnol, qui a decouvert des terres contigues a celle des Bacalhaos.

considération si l'on veut bien se rappeler que la règle était de n'accorder de donations semblables qu'en récompense de services rendus dans la navigation, découvertes ou peuplement de terres nouvelles. Herrera attribue à Jean Vaz la découverte de Terceira [106] mais ni les chroniques ni les documents portugais ne justifient cette opinion; le fait n'est pas indiqué dans l'acte de donation, et l'on ne pourrait expliquer la donation primitive fait a J. Bruges (2 Mars, 1450) si la découverte eût été due à Jean Vaz à moins que celui-ci ne s'en contentant pas n'eût poursuivi le cours de ses voyages à la recherche de nouvelles terres. Les services rendus par cet homme à l'infant D. Fernand, à sa femme et à son fils durent être considérables, puisqu'on lui accorda l'une des premières terres découvertes et une des premières capitaineries. Parmi les découvertes de Gaspard Cortereal on n'en trouve aucune portant la dénomination portugaise de «Terra dos Bacalhaus» (terre des Morues) qui figure d'ailleurs sur une carte de Ramusio. Cette dénomination toutefois serait peut-être postérieure à l'expédition de Gaspard et aurait pu naitre du fait indiqué dans la dénomination de la carte de 1563, du Portugais Lazare Louis «*Terre nouvelle où l'on pêche la morue.*» [107] Une grave objection est celle du silence des chroniqueurs qui en racontant l'expédition de Gaspard Cortereal en 1500 ne disent rien qui ait rapport à l'aventure de son père. Une autre objection non moins importante est celle de l'abandon dans lequel paraît avoir été laissée pendant si longtemps la découverte de Jean Vaz et de son ami. Et il vient s'y joindre encore une

---

[106] «Hist. gener. de las Islas:» Dec. I, Liv. I, cap. III.
━━━ D'après ce que dit Navarrette on peut supposer que Las Casas en dit la même chose, et qu'il affirme aussi l'influence de les voyages des Corte Real dans l'esprit de Colomb (*Vid. n.* 79). Ce que quelques écrivains portugais disent c'est que l'île de Saint-George, une des Açores, fût decouvert par Vasco Annes Cortereal, le père ou le fils ainé de Jean Vas, et peuplée par Wilherm Wanderberg, flamand. *Quintella: Ann. da Marinha port.*

[107] Acad. roy. des Sc. de Lisb.

autre circonstance, c'est que Antoine Cordeiro fut le premier écrivain qui parla de cet événement peut-être rapporté par Francisco de Sousa dans son livre de 1570 perdu en 1755. [108] Néanmoins Antoine Cordeiro écrivit aux Açores son histoire en partie faite sur celle de Fructuoso et en partie recueillie d'autres auteurs «et tirée de papiers authentiques et de traditions» ainsi qu'il le dit lui-même. [109] Or on ne comprend pas pourquoi il aurait inventé l'expédition de Jean Vaz, invention qui d'ailleurs serait facilement démentie. Cordeiro ne le fit certainement pas dans le but de nuire à Colomb; il se rapporte à peine à la découverte de ce dernier quand il dit qu'un étranger, Martin de Behain, avait pronostiqué l'existence d'un pays merveilleux, pronostic qui avait été justifié peu de temps après par le passage aux Açores de vaisseaux castillans revenant des Antilles. Invention pour invention, Antoine Cordeiro aurait préféré à la découverte de Jean Vaz, l'histoire du pilote mort chez Colomb, histoire qu'il ne pouvait pas ignorer et qui lui offrait un moyen plus naturel de nuire à ce dernier. De même que l'on ne crut pas que la découverte des Antilles pût faire du tort à celle du Brésil par Cabral, de même on ne supposait pas que celle de Terre Neuve ferait du tort à celle des Antilles. Cette généralisation moins critique qu'apologétique par laquelle on fait de Colomb le découvreur de l'Amérique alors qu'il n'en découvrit qu'une partie et qu'il supposait avoir découvert les côtes orientales de l'Asie, est moderne.

Ceux qui découvrirent depuis d'autres terres du Nouveau Monde ne se considéraient point comme inférieurs à Colomb et ne croyaient point leur gloire amoindrie par le fait de la décou-

---

[108] Vid. n.º 99.
[109] «... mas acrescentando o que de outros historiadores *e de papeis authenticos e tradições sempre observadas*, pudermos nesta materia (ainda que com trabalho) alcançar. *Liv.* IV, *cap.* I, ed. 1717.

verte antérieure par celui-ci de certaines îles et de certaines parties du continent occidental. Et ils avaient raison. Il n'est pas croyable non plus qu'Antoine Cordeiro, dans le but de nuire à Gaspard Cortereal, attribuât ses découvertes à son père. Et puis, à quoi bon nuire à la gloire de Gaspard mort depuis si longtemps au milieu de ses travaux? Enfin pour flatter la famille Cortereal, Cordeiro n'avait pas besoin d'antidater une découverte qui était une tradition glorieuse et non controuvée de cette même famille, et pour nier l'entreprise peut-être supposée mais en tout cas infructueuse et incomplète de Cabot, il ne se voyait pas dans la nécessité de recourir à ce moyen puisqu'il aurait pu l'attaquer directement. Ce qu'il nous semble c'est que Antoine Cordeiro avait tout simplement trouvé la tradition de ce fait peut-être dans les papiers de la famille Cortereal ou de quelque autre. Si nous réfléchissons que l'expédition de Jean Vaz avait peut-être pour but la découverte de la route de l'Inde, que la terre que l'on dit qu'il avait découverte n'encourageait pas cette entreprise, que la navigation sur les côtes de l'Afrique fortifiait chaque jour davantage l'espoir d'arriver jusqu'aux fameuses terres orientales des épiceries et que cet espoir s'était changé en certitude après que Barthélemy Dias (1486) eût franchi l'extrême cap africain, enfin si nous tenons compte de l'idée prédominante de l'époque qui était la découverte dans la direction du sud et de l'Orient, ce qui ne dut pas être une des moindres causes du rejet du plan de Colomb, nous ne nous étonnerons plus de l'espèce d'oubli dans lequel le gouvernement portugais semble avoir laissé l'entreprise de Jean Vaz.

Les découvertes postérieures des Cortereal ne semblent pas avoir réveillé l'intérêt de ce gouvernement, pas plus que la découverte du Brésil. Le commerce et les conquêtes dans l'Inde finirent par absorber complètement la politique portugaise. D'autre part, Jean Vaz et son ami, fort bien établis avec leur faamille à Terceira, possesseurs de riches donations semblent ne pas avoir désiré d'autres richesses ni d'autres dignités, outre que les âpres terres du Nord ne pouvaient avoir pour eux un bien puissant attrait. Il est toutefois naturel que son troisième fils Gaspard se sentît attiré vers les entreprises de découverte qui étaient alors celles dont on retirait le plus de profit et de gloire et qu'il trouvât dans les indications et les souvenirs de son père une probabilité de réussir dans de grandes entreprises et d'obtenir de grands succès. Gaspard ne négligea pas de se munir d'une donation royale et l'on voit par cette donation qu'il s'était déjà occupé de chercher les terres sur l'existence desquelles il n'avait plus de doutes. La vie de Jean Vaz dut être très longue. En 1492 on le voit figurer dans l'acte de fondation de l'Hôpital de la Miséricorde d'Angra, en 1494 il etait à Madère, et de 1490 à 1497 il construit dans cette même ville d'Angra un beau palais dont il fait sa demeure. [110] Ainsi il est probable que quelques-unes des tentatives du fils aient été faites sur les indications du père. La découverte par Jean Vaz, abandonnée ou non, de terres septentrionales, loin d'être une raison pour ne pas tenter de nouvelles découvertes dans cette direction, pouvait au contraire devenir un encouragement, et rien de plus naturel qu'il le fût pour Gaspard. Les découvertes de Colomb et de Cabral engagèrent les navigateurs à d'autres expéditions de même genre, et les nouveaux découvreurs se proposaient de mener à bien leurs projets sans avoir besoin, pas plus que leurs prédecesseurs, de baser leurs expéditions sur les expéditions passées et sans supposer que ces dernières pussent porter atteinte à leurs droits et à la gloire qu'ils espéraient acquérir dans l'avenir. Herrera remarque que ce qui excita le plus Colomb, ce furent

---

[110] Not. 92 — *F. J. da Costa*: Angra do Heroismo. Ilha Terceira (Açores). Os seus titulos, edificios, etc. — Angra, 1867.

les découvertes des Cortereal. [111] Si Herrera se rapportait aux voyages des Cortereal postérieurs à 1500 c'est-à-dire postérieurs de sept années à la découverte de Colomb et de quatorze ou seize années à son départ de Portugal, ce fait ne constituerait-il pas un anachronisme par trop grossier chez un historien aussi sérieux et qui cherchait à se procurer tant de données certaines? [112] Ne semble-il pas plutôt qu'Herrera ait voulu parler des voyages des Cortereal antérieurs à l'expédition de 1500? Colomb qui cherchait par tous les moyens à se tenir au courant des expéditions portugaises pouvait avoir connu Jean Vaz et Gaspard et avoir eu même des rapports avec eux. J'ai déjà fait remarquer que Martin Behain avait épousé une fille du donataire de Fayal (Ultra-Huerter), marié lui-même avec la sixième fille de Cortereal. Or, Colomb était, dit-on, l'ami de Behain, il résida aux Açores et était beau-frère du donataire d'une de ces îles, Pierre Correa. Le silence des chroniqueurs n'est pas si important qu'on pourrait le supposer tout d'abord. La plupart des découvertes ne sont pas citées par eux et parmi celles qu'ils rapportent, y compris même celle de Gaspard Cortereal, ils passent sous silence beaucoup de circonstances essentielles. La tradition rapporte de nombreuses découvertes omises par les chroniqueurs qui d'ailleurs avouent eux-mêmes ces omissions. Justement pour ce qui touche au règne d'Alphonse V et à l'époque de la découverte de Mina (1469) Barros aussi bien que Galvão avouent ce fait. [113] Si un jour on parvient à écrire en Portugal la véritable histoire des découvertes portugaises sur des documents que, par malheur, nos gouvernements n'ont pas pensé à réunir et à livrer à l'étude de

---

[111] «A esto se anadia *la deligencia de Gaspar i Miguel de Corte Real...* que se perdieron en demanda de esta Tierra. Todas las quales eran cosas para moverle de veras à D. Christoval Colon...» *Cap.* 11. — Las Casas, *apud Navarret.*
Vid. n.º 79 et 106.
[112] Vid. n.º 70.
[113] Vid. n.º 90.

manière qu'il pût en résulter un monument à la plus grande gloire de ce petit pays, on verra alors apparaître sans aucun doute de nombreux faits qui sont complétement inconnus ou profondément dénaturés autant par l'ignorance que par la rancune. [114] Quoi qu'il en soit, ce qu'il n'est par difficile de prouver dès à present c'est que la première reconnaissance développée et sûre de l'extrême nord de l'Amérique est due aux voyages des Cortereal.

Gaspard Cortereal était le dernier fils de Jean Vaz Cortereal; il avait été au service du roi D. Emmanuel alors que celui-ci n'était encore que duc de Beja. Suivant les chroniqueurs portugais il se proposa d'aller découvrir des terres vers le Nord «attendu que vers le Sud d'autres en avaient découvert beaucoup.» Suivant Ramusio il aurait eu pour but de découvrir la route de l'Inde par l'ouest. Ce qui est certain c'est que le 12 mai 1500 il lui fut accordé par le roi, qui se trouvait alors à Cintra, une donation des îles ou de la terre ferme qu'il pourrait découvrir et qu'il *avait déjà avant ce jour cherché pour son compte et à ses frais*. [115] Il est certain également qu à ses depens et aidé du roi, il partit de Lisbonne au commencement de l'été de la même année, faisant escale à l'île de Terceira et suivant la direction du Nord. La première découverte semble avoir été celle d'une terre que sur son aspect il nomma «Terre Verte» Ce fait est remarquable par la coincidence qui fait que le même nom fut donné au Xe siècle par l'Islandais Eric Rauda à la terre septentrionale qui conserve encore aujourd'hui la dénomination

---

[114] Mon savant ami, E. Bettencourt, grand investigateur de l'histoire des découvertes portugaises, et le seul auteur que nous avons au present de quelques manuels geographiques raisonables, pour les écoles, doit publier sous peu un remarqueble ouvrage sur ces découvertes. Je lui dois de fort curieuses observations.
M. Bettencourt est l'introducteur en Portugal des cartes murales, muettes et écrites.
[115] Vid. n.º 91.

de Groenland, [116] et dont la connaissance avait été perdue pendant si longtemps. [117] A ce fait vient se joindre une lettre de l'ambassadeur de Venise à Lisbonne dans laquelle il raconte ces

---

[116] M. Brun, etc. *Groen*: vert; *land*: terre.

[117] Voila comme le fait est rapporté par Goes :

«Gaspar corte Real, filho de Joam Vaz corte Real, *foi homem aventureiro*, esforçado e desejoso de ganhar honrra, pelo que propos de ir descobrir terras *pera banda do Norte, porque pera do Sul tinham já outros descuberto muytas*, e assi de sua fasenda, como de merces que lhe elRey fez, cujo criado já fora em sendo Duque de Beja, armou huma nao com a qual bem esquipada de gente e de todo o mais necessario, partio do porto de Lisboa no começo do veram do anno de mil e quinhentos. Nesta viagem descobrio pera quella banda do Norte, huma terra que por ser muito fresca e de grandes aruoredos, *como o são todas as que jazem pera aquella banda* lhe pos nome *terra verde*. A gente da qual he muito barbara e agreste quasi do modo dos da terra de sancta Cruz senam que sam aluos e tam cortidos do frio, que a aluura se lhes perde com a idade e ficam como baços...»

Il serait intéressant de confronter la description que Goes y fait de les indigènes que Cortereal apporta à Lisbonne, avec les notices donnés par les voyageurs et les écrivains modernes sur les éskimaux du Labrador, etc. Par exemple : il y a quelquer points dans la description de Goes dont quelques autres dans celle de Malte Brun (*Georg. Univ.*) paraîtaient être la traduction litterale, autant Goes a été exact

GOES	M. BRUN
Sam de corpo meaons, muito legeiros e grandes frecheiros; servem-se de paos tostados em lugar de azagaias com que ferem de arremesso como se fossem forrados de aço fino,	Les naturels ont la taille court.... Leurs armes (Labrador) sont la javeline, l'arc et la flèche...
vestem-se de pelles de alimarias de que na terra ha muitas.	Les ésquimaux portent des vêtements faits de peaux d'animaux...
Vivem em cauernas de rochas e choupanas,	En été, ces Esquimaux vivent dans des tentes...
nam tem lei;	Ils n'ont ni gouvernement, ni lois.

L'historien portugais en continue ·

«crem muito em agouros; guardam matrimonio e sam muito ciosos de suas molheres, nas quaes cousas se parecem com os Lapos *que tambem viuem debaixo do Norte*, de LXX até LXXXV graos sujeitos aos Reis de Noroega e Suecia, aos quaes pagam tributo ficando sempre em sua gentilidade. por falta de doctrina, da qual tirannia, no liuro que compuz da fé, costumes e religiam dos Ethiopios, Abexis, em lingoa latina, dedicado ao Papa Paulo terceiro no fim delle fiz huma deploraçam em que trato per extenso, donde este tamanho mal procede. E tornando a Gaspar corte Real, depois que descobrio esta *terra* e costeou huma boa parte della se tornou ao regno e logo no anno de MDI desejoso de descobrir mais desta prouincia e conhecer milhor o modo o trato della, partio de Lisboa aos XV dias do mez de maio, mas o que nesta viagem passou se nam sabe, porque nunca mais appareceo, nem se soube delle noua, a tardança do qual e má suspeita que se começaua a ter de sua viagem causaram o mesmo infortunio a Miguel corte Real, porteiro mór delRey que pelo grande amor que tinha a seu irmam determinou de o ir buscar e partio de Lisboa aos 10 dias de maio de MDII com duas naos sem nunca delle se mais hauer noua. A perda destes dous ir-

découvertes de Cortereal [118] en disant que le continent découvert par ce dernier semblait situé près d'un autre continent où jadis avaient abordé certains Vénitiens. Il faisait allusion au

mãos sentio elRey muito pela criaçam que nellas fezera, pelo que mouido de seu real e piedoso moto, no anno seguinte de MDIII mandou duas naos armadas a sua custa buscalos, mas nem de hum nem do outro se pode nunca saber onde nem como se perderam pelo que se pos áquella prouincia da terra verde onde se crè que estes dous irmaos perderão, a terra dos corte Reaes Tinham estes dous irmaos Gaspar e Miguel corte Real outro irmão mais velho que elles, a que chamavam Vasqueannes corte Real que era veàdor da casa delRey do seu conselho, capitam e gouernador das ilhas de *sam George e terceira* e alcaide mór da Cidade de Tauilla muito bom caualleiro, bom Christam, homem de singular exemplo de vida e de muitas esmollas publicas e secretas, cujo filho herdeiro é Emanuel corte Real, tambem do conselho delRey e capitam das mesmas ilhas que ao presente vive. Este Vasqueannes corte Real não se podendo persuadir que seus irmãos eram mortos nesteanno de MDIII determinou de com naos a sua propria custa os ir buscar, mas tendo elRei por excusada sua ida lho nam quis consentir, nem se procedeo mais neste negocio por se ter por desnecessaria toda a despeza que se nisso mais fizesse.» *Chron. do Ser. rey D. Emmanuel,* cap. LXVII.— 1566.

======= Damião de Goes était un des savants les plus erudits et le plus étudieux et un des historiens les plus veredíques du XVIième siècle. Il avait voyagé dans toute l'Europe, il lia des relations et des correspondances avec Erasme, Ramusio, J. Sprone, Bembo, Sadoleto, Bonamico, C. Madruzio, les frères Magno, etc., il s'interessa beaucoup des voyages et des découvertes qu'on entreprenaient dans son temps et il ecrivait l'histoire de ces découvertes avec si grande impartialité qu'à propos de celle de l'Inde par les Portugais il se croit obligé de rehausser les navigateurs de l'antiquité au détriment même de ceux-là; cependant il dit, comme on le voit, d'une manière très précise que les Cortereal furent les découvreurs de la Terre qui a reçu leur nom. Pouvait-il ignorer la découverte de cette terre, ou le fait de cette navigation par Cabotto ou par un autre, avant les Cortereal, si cette découverte ou cette navigation eût réellement eu lieu? Dirait-il ce qu'il dit des Cortereal, en fixant des dates précises, alors qu'on aurait pu lui donner un démenti formel?

======= Mais voyons ce que dit un autre historien très savant aussi, qui a voyagé en l'Europe et qui vivait au temps de ces découvertes, le célèbre Osorio:

«Hoc eodem anno (1503) alias duas naues misit Emmanuel in regiones sub Septentrionibus sitas vt tentarent posset ne quidquam de casu, quo duo fratres, viri nobiles et impigri, aut mortui aut capti fuerant, explorari. Res enim sic acciderat. Gaspar Corteregalis cum esset egregie fortis et gloriœ cupiditate vehementer incensus, ad sui nominis memoriam posteris aliquo facto memorabili prodendam pertinere arbitratus est, aliquas terras incognitas, peruestigare. Et quia videbat, omnia ferme litora, quœ ad Austrum spectabant, esse iam nostrorum navigationibus explorate cognita, animum ad ea perlustranda, quœ ad Septentriones pertinebant, applicuit. Itaque suis sumptibus navem instruxit et commeatu et armis et nautis et militibus egregie munitam, Anno autem MD, Olyssippone profectus, cursum in Septentrionalem plagam direxit. Ad terram que tandem pervenit quam propter singularem amœnitatem, viridem appellavit...

Corteregalis in Portugaliam reversus cum ad spem multo plura cognoscendi raperetur, rursos anno MDI se in eandem regionem contulit ut latius litora illius omnia pervagaretur et gentis mores et instituta perdisceret. Sed quid illi acciderit, aut quo fato absumptus fuerit nunquam scire potuit...

Itaque et illi fratres periere et tellus simul nomen amisit et pro tellure viridi,

romanesque voyage des frères Zeno en 1380 au Groenland. [119] Cortereal poursuivit son voyage en découvrant et en explorant la terre inconnue sur une étendue de deux cents lieues, du 56ᵉ au

tellus Corteregalium appellari cœpit. *De Rebus emmanuelis regis*, etc. *Hier. Osorio.* — Ed 1571.

===== Voila encore ce qu'en dit Antoine Galvão :

«Neste mesmo anno de 500 diz que pedio Gaspar Cortereal licença a Elrey D. Manoel pera ir descobrir a terra Nova. Partio da Ilha Terceira com dous navios armados á sua custa, foy áquelle clima que está debaixo do Norte em cincoenta graos daltura. *He terra que se agora chama de seu nome*, tornou a salvamento á Cidade de Lisboa. Fazendo outra vez este caminho, se perdeo o navio em que elle hia e o outro tornou a Portugal. Polla qual causa seu irmão Miguel Cortereal foy em sua busca com tres navios armadōs á sua custa. Chegados áquella costa, como virão muytas bocas de rios e abras, *entrou cada hum pela sua* com Regimento que se juntassem todos em 20 dias do mez Dagosto: os dous navios assi o fizerão. E vendo que não vinha Miguel Cortereal ao prazo nem despois algum tempo, se tornarão a este Reyno sem nunca mais delle se saber noua nem ficar outra memoria, *se não chamarse esta terra dos Cortes reaes ainda agora Tratado... dos diuersos e desuayrados caminhos (vulg.:* Tratado dos descobrimentos) — 1563.

===== La 2eme éditicn (1731), de cet ouvrage est fort rare mais la 1ere l'est tellement (1567) qu'il n'y en a pas à Lisbonne plus de deux ou trois exemplaires. Son titre primitif est : *Tratado Que compos o nobre e notauel capitão Antonio Galvão, dos diuersos & desuayrados caminhos por onde nos tempos passados a pimenta & espeçearia veyo da India ás nossas partes & assi de todos os descobrimentos antigos & modernos, que são feytos ate a era de mil & quinhentos & cincoenta. Com os nomes particulares das pessoas que os fizeram : & em que tempos & as suas alturas, obra certo muy notauel & copiosa.*

J'ai consulté les deux éditions. Cet ouvrage est curieux en ce qu'il est une des plus anciennes publications portugaises qui parlent de la découverte des Cortereal et en même temps la plus ancienne aussi (en Portugal) qui rapporte le prétendu voyage de Cabot en 1496 Nous en parlerons. Cette oeuvre n'a été publiée que dix ans après la mort de Galvão, par son executeur testamentaire F. de Sousa Tavares ; il dit dans l'avant-propos, qu'il avait donné le Mss. a Damião de Goes, par ordre et achât du régent portugais le Cardinal Henri.

Galvão passa la plus grande partié de sa vie aux iles Moluques, il fut un capitaine très distingués et il mourut miserablement à l'hopital de Lisbonne.

[118] ...Ut igitur nova anni praesentis intelligatis : scitote hic esse eam triremem, quam superiore anno Rex Portugaliae Serenissimus expediverat versus Aquilonem, praefecto Gaspare Corteralo, qui nos refert continentem invenisse, distantem ad M. duo milia inter Chorum et Favonium, hactenus toto pene orbi incompertam terram : cujus latus aiunt ad Mil. prope 800 percurrisse: nec tamen finis compertus est quispiam. Ideo credunt continentem non Insulam esse regio, quae videtur esse conjuncta cuidam plagae alias a nostris peragratae quasi sub ipso septentrione. Eousque celox tamen, non pervenit ob congelatum Equor, et ingruentes cœlo nives. Argumento sunt tot flumina quae ab illis montibus derivantur, quod videlicet ibi magna vis nivium existat: arguunt propterea insulam non posse tot flumina emittere: ajunt praeterea terram esse eximie cultam: Domos subeunt ligneas, quas cooperiunt pellibus ac coriis piscium. Huc adduxerunt viro septem sexus utriusque. In celoce vero altera, quam praestolamur in horas advehuntur 50 ejus regionis incolae: hi, si proceritatem corporis, si colorem, si habitudinem, si habitum expectes, cinganis non sunt absimiles: pellibus piscium vestiuntur et lutrarum: et eorum imprimis quae instar vulpium pillosas habent pelles.

60° dégré, ou plus suivant Ramusio, [120] donnant des noms à ces différents parages, débarquant et se mettant en rapport avec les naturels. D'énormes glaçons empêchèrent l'expédition de

> Eisque utuntur hieme pillo ad carnes verso ut nos, ad aestate ritu contrario: neque eas consuunt, aut concinnant quovis modo; verum uti fert ipsa belua, eo modo utuntur. Eii armos et brachia praecipue tegunt; inguina vero fune ligant multiplici, confecto ex piscium nervis. Videntur propterea silvestres homines, non sunt tamen inverecundi et corpora habent habilissima; si brachia, si armos, si crura respexeris, ad symetriam sunt omnia. Facie stigmate compungunt, inurunt que notis multijugis instar Indorum, sex vel octo stigmatibus prout libuerit: hunc morem sola voluptas moderatur. Loquuntur quidem, sed haud intelliguntur; licet adhibiti fuerint fere omnium linguarum interpretes. Eorum plaga caret prorsus ferro, gladios tamen habent sed ex acuminati lapide; pari modo cuspidant sagitas, quae nostris sunt acuminatiores. Nostri inde attulerunt ensis confracti partem inauratam, quae Italiae ritu videbatur fabricata. Quidem puer illic duos orbes argenteos ouribus appensus circumferebat, quid haud dubie coelati more nostro visebatur coelaturam Venetam in primis prae se ferentes: quibus rebus non difficulter aducimur continentem esse potius quam Insulam: quia si eo naves aliquando applicuissent, de ea compertire aliquid habuissemus. Piscibus scatet regio, Salmonibus vide licet et halecibus, et in genus compluribus Silvas habent omnifaria, perinde ut omni lignorum genere abundet regio; propterea naves fabricantur, antenas et malos, transtra et reliqua, quae pertinent ad navigia: ob id hic Rex noster instituit inde multum emolumenti summere, tum ob ligna frequentia, pluribus rebus non inepta: tum vel maxime ob hominum genus laboribus assuetum: quibus ad varia eis uti quibit; quandoquidem hi viri nati sunt ad labores. Suntque meliora mancipia quae unquam viderim. Visum est propterea non fore ab amicitia nostra devium, si haec vos non celarem. Ubi vero alia celox, quae expectatur in dies advenerit; mox aliarum rerum certiores vos reddam...
> Frag. de la lettre de Parchoaligo apud Trigoso : l. c.

——— Cette lettre de l'ambassadeur de la république de Venise à Lisbonne, Pierre Pascoaligo, à ses freres, est datée du 23 octobre, 1501, et a été publiée dans la première collection de voyages qu'on connait, celle de Montalbodo Francasano, imprimée à Vicence en 1507 sous le titre: «*Paesi nuovamenti ritrovati e Nuevo Mondo da Amerìco Vespulio Fiorentino intitolato*. Elle a été traduite dans l'*Itenerarium Portugalensium*, quelques années après. La collection de Francasano est très rare et je n'en connais aucun exemplaire en Portugal. Elle fút traduite en français trois fois successivement de 1513 a 1516, la premier traduction est due à Mathurim de Redoner et fut imprimée á Paris par Philippe Le Noir.

[119] Dello scrop. del l'Isole Frisland. *Fr. Marcolini*, 1558, *Ramusio*: Navig et Viag. iii, etc.

[120] «Nella parte del Mondo nuovo che corre verso Tramontana et Maestro, all'incontro del nostro habitabile dell'Europa v'hanno nauigato molti Capitani, *et il primo* (per quel che si sa) *fu Gasparo Corte real Portoghese*, che del 1500 v'ando con due Caravelle, *pensando di trouar qualche stretto di mar, donde per viaggio piu breue, che non é l'andare attorno d'Africa, potesse passare all'Isole del le specierie*. Esso nauigo tanto auanti, che venne in luogo doue erano grandissimi freddi *et in gradi* 60 *di latitudine trouo un fiume carico di neue, dalla quale li dette il nome chiamandole Rio Neuado*, ne gli basto l'animo di passar piu auanti. Tutta questa costa che corre dal detto *rio Neuado* insin al *porto di Maluas* leghe 200, il qual é in gradi 56 *là vidde piena di gente* et molto habitato, sopra laqual dismontato prese alcuni per menargli seco, scoperse ancho molte Isole, permezo la detta costa tutte popolate, aciascuna delle quali diede il nom; gli habitanti sono huomini grandi, ben proportionati, ma alquanto

poursuivre sa route au Nord; elle revint en Portugal presqu'au bout d'une année et ramena cinquante-sept indigènes. Dans la même année de son retour, Cortereal alla étendre encore sa découverte. Il partit de Lisbonne le 15 mai, emportant des vivres

berrettini et si dipingono la faccia et tutto il corpo con diuersi colori per galanteria. portano manigli d'Argento et Rame et si coprono con pelli cucite insieme di Martori et d'altri animali diuersi, il Verno le portano col pelo di dentro et la State di fuori. Il cibo loro per la maggior parte è di pesce piu che d'alcuna altra cosa, massimamente di Salmoni che n'hanno grandissima copia et anchora che visiano diuerse sorti, nondimeno non fanno conto se non del pesce. Le loro habitationi sono fatte di legname... All'incontro di questa costa verso mezo di v'e vn Isola grande detta delli Demonij, et dal Capo di *Maluas* a Capo *Marzo*, che sta in 56 gradi vi sono 60 leghe et di li a Capo del *Gado* che è in gradi 54 corre la costa leghe 200 al dritto per Ponente fino ad vn gran fiume detto di *San Lorenzo*, che alcuni lo tengono per vn braccio di mare et l'hanno nauigato molte leghe all'insu et qui si fa vn golfo che lo chiamano quadrato et volge fino alla punta de los *Bacchalaos* et questo golfo quadrato è luogo molto notabile et la maggior altezza de los *Bacchalaos* è gradi 48 et mezo, che si chiama Capo di *buona vista*. Et Bacchalaos sono alcuni pesci che in quella costa si trouano in tanta quantità ristretti insieme, che *alle fiate non lasciano passar le carauelle* et li Bertoni et Normandi chiamano li detto pesci Moluc de i quali ogu'anno vanno a pigliar per grandissima mercantia. di questa terra hebbe cognition grandi il Signor Sebastian Gabotto, nostro Venetiano, il quale a spese del Re Henrico 7 d'Inghilterra scorse tutta la detta costa fino a gradi 67, ma per il freddo fu forzato a tornare a dietro.» *Discorso sopra la terra ferma dell'Indie Occidentali detta del Lauorador, de los Bacchalaos et della nuoua Francia.* — Ram. iii, ed. 1565.

⸻ Voila ce qui est decisif. Avant de parler du voyage de «*notre venetien Gabotto*» comme il dit, Ramusio affirme la priorité portugaise, en disant que Cortereal fut le premier, *a ce qu'on sait*, qui découvrit cette terre, qui à même naviagua dans cette direction. Et puisqu'il fixe ce *premier* voyage et cette découverte à l'année 1500 on est obligée de conclure qu'il ne croit pas que le voyage ou la prétendue découverte de Cabot ait eu lieu en 1496. Après tout, Ramusio ne dit jamais, de son autorité privée que le voyage du navigateur vénitien eût réellement eu lieu en 1496. Il ne donne pas la narration de ce voyage, et donne toutefois la narration d'un autre voyage de Cabot dans la direction N. E. pour chercher une route vers l'Inde par le Nord de la Russie, idée qu'on voit apparaitre après la découverte de Vasco da Gama, dans le but de nuire au Portugal. Toute cela est important si on considère que Ramusio avait reçu des lettres et des informations de Cabot, comme il le dit, lui même :

«... finhora non siamo chiari, s'ella sia cōgion (Nuoua Francia) cō la terra ferma della prouincia della Florida et della Nuoua Spagna, ò vero s'ella sia diuisa tutta in'Isole :, et se p. quella parte si possa andare alla prouincia del Cataio *como mi fu scritto, gia molti anni sono, dal Signor Sebastian Gabotto, nostro Vinitiano*, huomo di grāde esperieza et raro nell'arte del nauigare et nella scienza di cosmografia : il qual haueva nauicato disopra di questa terra nella Nuoua Frācia à spese gia del Re Henrico vii d'Inghilterra, et mi diceua, come essendo egli andato lungamēte alla volta di pōnete et quarta di Maestro, dietro queste Isole poste lugo la detta terra sino agradi 67 et mezzo, sotto il nostro polo, a ixj di Guigno et trouado si il mare aperto et senza impedimēto alcuno, pensaua fermamēte quella vi di poter passar alla volta del Cataio Orientale : *et l'haurebbe fatto se la malignità del padrone et de marinari sollenti, non l'hauessero fatto tornar a dietro.*» *Discorso de M. Gio. Bat. Ramusio, sopra il terzo vol. delle navig. et riag.* — ed. 1565.

qui lui furent fournis pour cette nouvelle expédition par un ordre daté du 15 avril. On n'eut plus de ses nouvelles, c'est pourquoi son frère Michel Cortereal qui était premier huissier du roi prit la résolution d'aller à sa recherche et de poursuivre la découverte, en vertu de quoi le 15 janvier 1502 il lui fut fait donation de la moitié de la *terre ferme* et des îles que son frère aurait pu trouver. Il partit le 10 mai de cette même année avec trois navires. A son arrivée à Terre Neuve, il divisa sa petite escadre afin que chaque navire pût aller séparément explorer et étudier une partie de la côte et il désigna un point de celle-ci comme lieu de ralliement. Le navire de Cortereal ne reparut plus et les deux autres, après l'avoir attendu jusqu'au 20 août au point indiqué, revinrent en Portugal. En 1503 le roi envoya à ses frais deux de ses vaisseaux à la recherche des deux frères, mais il ne fut pas possible de savoir ce qu'ils étaient devenus. Leur frère ainé Vasqueanes Cortereal, qui avait succédé à Jean Vaz dans le gouvernement de Terceira, résolut d'aller à leur recherche, mais le roi de Portugal l'en empêcha craignant de perdre encore ce bon serviteur. Vasqueannes reçoit le titre de capitaine donataire de la *Terre Neuve des Cortereaes*, titre qui passe à D. Marguerite Cortereal et par elle à son mari Christophe de Moura, comte et plus tard marquis de Castello Rodrigo; la fille de Michel Cortereal reçoit une pension (*tença*) considérable pour cette époque. Une partie des terres découvertes fut nommée pendant longtemps *terre des Cortereaes*, et la dénomination générique portugaise de *Terra Nova* s'étendit de l'île de ce nom à une grande partie du continent américain.

Après ce rapide examen, messieurs, je crois être en droit de demander s'ils n'ont pas, autant que Colomb et Gama, bien mérité de la civilisation, ces courageux et persévérants navigateurs qui payèrent leur audace de leur vie, cette famille de rudes aventuriers qui, après avoir peut-être par leur exemple, contribué à la grande entreprise de Colomb, dirigent la proue de leurs fragiles navires vers le pôle nord, et vont explorer des pays inconnus en bravant d'âpres et ingrats climats, et cela à une époque où les mers méridionales, les terres chaudes et fertiles, les peuples doux et hospitaliers s'offrent à l'ambition de tous? Cette idée, origine d'une brillante série d'expéditions, cette idée d'un passage arctique mettant l'Occident en communication avec l'Orient naît, comme vous le voyez, en Portugal au XVe siècle, et des Portugais en sont les premiers martyrs. Plus justes que la postérité, des écrivains contemporains l'attestent, entre autres Ramusio.

Maldonaldo Ferrer dans le récit d'un voyage (qu'on suppose fantastique) entrepris par lui en 1588 dans le but de trouver la route de l'Inde par le nord, dit qu'il fut constamment guidé dans ce voyage par les indications d'un pilote portugais, Jean Martins, né dans l'Algarve. [121] Comme Malte-Brun se croit autorisé à dire qu'il n'existe aucun indice ayant trait à ce pilote, nous ferons observer que son nom patronymique est très vulgaire effectivement au XIVe siècle dans l'Algarve, pays où pullulaient à cette époque les navigateurs et que même à Paris le savant géographe pouvait rencontrer quelques indices très suffisants sur ce pilote. [122] Ce sont encore deux Portugais qui présentent l'idée du passage sud du continent américain, en Orient; [123] c'est un

---

[121] Viaggio dal mare Atl. al Pacifico per la via del N. O. (1588) : — memoire retrouvé dans la bibliothèque Ambrosienne de Milan et publiée par M. Amoretti, en 1811. — Vid. D. de Almodovar: *Hist. polit. de los Estab, ultr.* IV; Debrousses: *Hist. de la nav.* I; Malte-Brun : *Geogr. Univ.*; Navarr., A. R. dos Santos, etc.

[122] Pourquoi ne serait-il le *Joan Martines* ou *João Martins*, cité par Murr. (*Hist. dip. de M. Behaim*), et par le Vic. de Santarem (*Prior.*) et duquel on connait quelques cartes très importantes pour l'histoire de les navigations portugaises ; un Atlas fait à Messine en 1567 ; un autre, fait aussi à Messine en 1582 (*Bibl. de l'Arsénal, à Paris*) ; un autre, de 1586 ? Dans la collection de Portulans portugais du XVI siècle, qui se trouve à la Bibl. nat. de Paris, un des pilotes auteurs de ces Portulans s'apelle Pero (*Pierre*) Martins.

[123] *Fernão de Magalhaes et Ruy Falero :*

«El camino que Fernando de Magallanes queria hacer era navegar derecho á

capitaine portugais, F. de Magalhães qui, le premier, accompagné de Portugais et encourageant ses marins par l'exemple des navigateurs portugais, accomplit ce voyage de circonvolution. [124]

Le nom de Cabot, Messieurs, a dû déjà se présenter à votre esprit. Plus heureux que Jean Vaz et même que ses fils, les Cabot, père et fils obtinrent, de notre temps, la gloire d'une découverte qui ne paraît pas leur avoir été accordée par leurs contemporains et qu'eux mêmes ne cherchèrent pas à faire reconnaître. Ce fait est curieux. Le 5 mars 1496, Henri VII, roi d'An-

---

poniente hasta que circundado el orbe allegasse al levante.» *Oviedo*: liv. xx, cap. 1.º *Navarrette*, t. IV, etc.

[124] Quatre capitaines et presque tous les pilotes des vaisseaux (*naos*) de Magellan (Magalhaes) étaient portugais :
La «Trindad», capitaine : *Duarte Barbosa*, portugais ; pilote : *Estevão Gomes*, portugais, La «Vitoria» : capitaine : *Luiz Affonso de Goes*, portugais ; pilote : *Vasco Gallego*, portugais; La «Concepcion», capitaine *J. Serrão*, portugais; pilote : *João Lopes de Carvalho*; La «St. Antonio», pilote *João Rodrigues de Mafra*. La «Santiago», pilote *João Serrão*, etc. Les Portugais étaient au nombre de 33 dans cette célèbre et grandiose expédition projetée et realisée par un Portugais.

D'après une narration de Maximilien Transilvano, en 1522, Magalhaes disait à ses gens :

Pues como despues de tan largas é inauditas navegaciones hechas por los Portugueses...

«E que acatasen como los Portugueses (no cada ano mas cada dia, yendo y veniendo á las partes orientales solamente por causa de sus tratos y mercadorias, sin otro negocio de mayor importancia, pasaban cuasi 20.º adelante del tropico de capricornio hácia aquella parte del polo antártico.»

Mariana, Garibay ; Navarr. *Docs.* ; *Vic. de Sant.* «Prior.» etc.

Nous rappelons encore quelques autres faits. Un grand nombre de *Portugais*, dont quelques uns étaient de vieux guerriers d'Afrique, faisaient partie, sous le commandement du noble capitaine *portugais* Andrade de Vasconcellos, de l'expédition de Hernando de Soto, en 1538, pour la découverte et conquête de la Floride. — *Garcilasso*: «La Flor,» ed. 1605.

Il était d'usage que *sur les vaisseaux dieppois qui partaient pour un voyage de long cours on prît abord soit un espagnol, soit un portugais pour servir d'interprète ou de facteur* — *Vitet* : Hist. des anc. villes mar. de France, éd. 1833.

Parmentier, *marin de Dieppe* en faisant un voyage à Sumatre en 1529 se fit acompagner encore d'un *Portugais* et prit ses observations sur des cartes *portugaises* et sur les tables de Declinaison des *Portugais*, comme il le dit lui-même. *Journal du voyage de Jean Parmentier*, publ. par Estancelin ; *Recherches*, etc.

Dans leur premier voyage à la Guinée, en 1551, les Anglais, sous le commandement de Vindham sont derigés par un *portugais*: *Antonio Annes Penteado*. Hacl. vyt' voy. — *Vic. de Sant.* etc.

On dit que l'ile Bermuda fut découverte en 1557 par J. Bermudes. Toutefois un vaisseau *portugais* en partant de l'ile de S. Domingos l'avait abordée en 1543, et de ce fait date la première information précise de cette ile. *Oviedo*, liv. 4, cap. xxvi.

gleterre accorde des lettres patentes à un Jean Cabot, Vénitien établi à Bristol et à ses fils —*Joanni Cabotto, civi venetiarum, ac Lodovico, Sebastiano, et Sancto ejus filius,*— pour la conquête des pays qu'il pourrait découvrir. [125] En 1498 ces lettres patentes sont confirmées et amplifiées par d'autres. [126] Jean Cabot profita-t-il de cette concession? On a déjà rapporté que dans un discours adressé au légat du pape en Espagne, Sébastien Cabot dit que «son père étant mort» et la nouvelle de la découverte des côtes de l'Inde par Christophe Colomb étant arrivée en Angleterre et comme il savait, par l'examen de la sphère, que, en naviguant à l'ouest, il pouvait arriver dans ce pays par un chemin plus court, il l'avait proposé au roi qui lui fit donner deux navires, et qu'il était parti en 1496, «*si ma mémoire ne me trompe pas*» pensant ne pas rencontrer d'autre terre que le Cathay et de là passer dans l'Inde. [127] En premier lieu il convient

---

[125] *Hakluyt* eng. voyages, Rymer t. 12; etc.
[126] *Hist. gen. des. voy.* etc.
1.º Les Patentes de Henri VII ne contiennent que la permission vague de partir et de faire des découvertes; et ce Prince n'y joignit *que deux ans après*, celle de prendre un certain nombre de Vaisseaux dans les ports d'Angleterre. Hacklutg rapporte aussi cette seconde permission. 2.º Pierre Martir, Gomara et Ramusio, qui parlent du premier Voyage de Sebastien Cabot, ne marquent point l'année et ne nomment point son père. 3.º Sebastien Cabot même, dans un Discours que Ramusio (Tome II de son Recueil) rapporte de lui a Galéas-Butrigarius, Légat du Pape en Espagne, assure que ce fut après la mort de son père et lorsqu'on sçut en Angleterre que Christophe Colomb avoit découvert les Côtes de l'Amérique, qu'il fut envoyé par Henri VII, pour trouver un chemin au Cathay par le Nord. A la vérité il ajoute, que si la mémoire ne le trompe point, ce fut en 1496. Mais il paroit évidemment que sa mémoire l'a trompé... •Histoire gen. des voyages— t. XLV, liv. V. Ed. 1754.
======= Je ne sais pas quelle est l'édition de Ramusio dans laquelle les auteurs de l'Histoire générale des Voyages ont rencontré ce discours au legat du Pape. Je n'a pu voir que celles-ci: 1.ière vol.—1563; 2.d vol.—1583; 3.ieux vol.—1565. Dans ce second vol. (ed. 1583) il n'y a pas le discours indiqué: peut-être a-t-il été supprimé. M. Mattos Correia, dans le mémoire déjà cité, présenté, à l'Association Maritime de Lisbonne (1841) dont il etait le Secretaire, traduit,—fidèlement, dit-il,—une partie du discours en question: c'est precisement ce qu'on lit dans la narration faite par Cabot a un gentilhomme qui alla à Seville et qu'a rapporté Ramusio (Vol. 1.ière ed. 1563): «*mori il padre in quel tempo...* (Vid. n. 127) avec la seule et singulière diférence que dans celle-ci on ne voit pas la phrase: *si la memoire ne me trompe pas*, du discours indiqué par l'*Hist gen*. et traduit par M. M. Correia.
[127] «...continuó dicendo, che ritrouandosi già alcuni anni nella cittá di Seuiglia e desiderando di saper di quelle nauigationi di Castigliani gli fu detto che v'era

de rappeler encore une fois que déjà en 1474 le roi de Portugal, Alphonse v, avait eu l'idée de la route de l'Inde par l'ouest et que, bien que l'on conteste la découverte de Jean Vaz avant 1464, on ne peut nier que la notion de terres à l'ouest et au nord n'existât parmi les navigateurs portugais antérieurs à Cabot, notion qui paraît même plus positive que celle de l'erreur cosmographique qui faisait supposer dans cette direction le Cathay c'est-à-dire les côtes de l'Asie. Avant même 1500, Gaspard Cortereal s'était occupé de chercher ces terres, non pour découvrir ce qui avait été découvert par Colomb, mais justement pour faire des découvertes dans une région opposée à celle que les autres

vn gran valent'huomo Venetiano che haueua 'l carico di quelle, nominato 'l signor Sebastiano Caboto, il qual sapeua far carte marine di sua mano et intendeua l'arte del nauigare piu ch'alcun'altro, subito volsi essere col detto et lo trouai vna gentilissima persona et cortese, che mifece gran carezze et mostrommi molte cose et fra l'altre vn Mapamondo grande *colle nauigationi particolari, si di Portoghesi, come di Castigliani*, et mi disse che sendosi partito suo padre da Venetia già molti anni *et andato à stare in Inghilterra à far mercantie* lo menò seco *nella città di Londra*, che egli era assai giouane, non gia però che non hauesse imparato et lettere d'humanità et la sphera *mori il padre ni quel tempo che venne noua che 'l signor don Christophoro Colombo* Genouese haueua scoperta la costa dell'Indie et se ne parlaua grandemente per tutta la corte del Re Henrico VII che allhora regnaua, dicendosi che era stata cosa piu tosto diuina che humana *l'hauer trouata quella via mai piu saputa, d'andare in Oriente, doue nascono le specie*, per ilche minacque vn desiderio grande, anzi vn ardor nel core di voler far anchora io qualche cosa segnalata *et sapendo per ragion della sphera, che s'io nauigassi per via del vento di maestro haueria minor cammino à trouar l'Indie*, subito feci intender questo *mio pensiero alla Maestà del Re* il qual fu molto contento et mi armò due caranelle di tutto cio che era di bisogno *et fu del mille quattrocento nouantasei* nel principio della state *et cominciai a nauigar verso maestro pensando di non trouar terra se non quella doue è il Cataio es di li poi voltar verso le Indie:* ma in capo d'alquanti giorni la discopersi, che correua verso tramontana *che mi fu d'infinito dispiocere et par andando dietro la costa per vedere s'io poteua trouar qualche golfo che voltasse*, non vi fu mai ordine che andato sin agradi cinquantasei sotto il nostro polo, vedendo si che quissi la costa voltaua verso leuante, *disparato di tronarlo, me ne tornai a dietro a riconoscere anchora la detta costa dalla parte verso l'équinottiale, sempre con intentione di trouar passaggio alle Indie et vennissimo à quella parte che chiamano al presente la Florida* et mancandomi gia la vettouaglia presi partito di ritornarnene in Inghliterra: doue quinto trouai grandissimi tumulti di popoli soltenati et della guerra in Scotia; *ne piu era in consideratione alcuna il nauigare a questa parti, per il che me ne venni in Spagna* al Re Cattolico et alla Regina Isabella, i quali hauendo inteso cio cheio haueua fatto, mi caccolsero et me diedero buona prouisione, faccendomi nauigar dietro la costa del Bresil per volerla scoprire, sopra la qual trouato vn grassissimo et larghissimo fiume detto al presente della Plata... Questo è quanto io *intesi dal signor Sebastiano Caboto.»* Ramusio, vol. I, ed. 1563: «Dis-

navigateurs cherchaient de préférence. Cependant Sébastien fit-il son voyage en 1496 ou même en 1494 comme d'autres le prétendent? Lui-même se charge de ne pas donner comme absolument sûre la date de son voyage, puisqu'il ajoute ces mots: *si ma mémoire ne me trompe pas.* Ramusio donne également cette date de 1496 non comme établie par lui mais comme reçue d'une conversation avec un ami de Sébastien Cabot; [128] c'est ce même Ramusio qui dit dans un *Discours sur la terre ferme des Indes:* «Dans cette partie du nouveau monde qui s'étend au NN. O. en face de notre continent habitable d'Europe naviguérent plusieurs capitaines, le premier desquels (autant qu'on peut le savoir) fut Gaspard Cortereal, Portugais de nation, qui, en 1500, y aborda avec deux caravelles, pensant pouvoir découvrir un passage qui lui permît de se rendre aux îles des épiceries

corso di M. Gio Battista Rhamvsio sopra varie Viaggi per li quali sono state condotte fino à tempi nostri le spetierie et altri nuoui che si potriano vsare per condurle.»
 Cette narration de Cabot doit être postérieure de 22 ou 30 ans à son prétendu voyage de 1496. Cabot dit qu'il partit dans l'été de 1496, *après la mort de son pere* et il s'attribue tout le projet, mais son pere était si bien vivant et l'idée appartenait si peu exclusivement à Sébastien Cabot que la Patente de Henri VII était donnée à Jean Cabot et à ses trois fils. S. Cabot dit qu'à son retour l'Angleterre était en révolution et qu'on ne s'y interessait pas a la navigation, etc.; mais si Cabot était parti en 1496 cette révolution était commencée dejà et c'est precisement en 1497 que la guerre avec l'Ecósse et la revolution dans l'Est finissaient; on commence alors a donner plus d'attention a la navigation et au commerce. C'est même à partir de cette année que l'idée de Cabot y recoit plus de protection: c'est en 1498 que lui fut donnée la permission de prendre des vaisseaux dans les ports anglais; c'est en 1502 qu'on fait à Bristol quelques tentatives pour exploiter la navigation au N. E.—S. Cabot ne parle pas de la Patente de 1498, bien plus importante que celle de 1496 et il dit qu'en revenant en l'Angleterre de son prétendu voyage de 1496 il vint se mettre au service de l'Espagne, et alla naviguer vers la cote du Brésil. Le Brésil était découvert depuis 1500 ou 1501 ; le premier voyage de Cabot au service de l'Espagne parait être celui de 1526, et Pierre Martyr, l'ami et l'hôte de Cabot dit qu'il vint en Espagne seulement après la mort de Henri VII, que arriva en 1509 :
 «Familiarem habeo domi Cabot um ipsum et contubernalem interdum. Vocatus namquam ex Britannia a Rege nostro Catholico *post Henrici majoris Britanniae Regis mortem concurialis noster est.*» (Dec. III.)
 Il va sans dire qu'on ne comprend pas très bien pourquoi. Cabot a senti un grand déplaisir — *infinito dispiacere,* — comme il le dit, quand il a trouvé la terre, s'elle etait tout-a-fait une terre ignorée et qu'il, premier que personne aurait découvert.
 [128] Vid. n. 127.

74

par une voie plus courte que celle du tour de l'Afrique» [129] Colomb était arrivé en Europe en 1493; or il est absurde de penser que la nouvelle de sa découverte ne fût parvenue en Angleterre qu'en 1496; en 1496 vivait encore Jean Cabot en faveur duquel fut faite la lettre patente du 5 mars, le voyage ne fut entrepris toutefois qu'après sa mort, suivant l'aveu de son fils; ce n'est qu'en 1498 que cette patente fut confirmée et amplifiée: ces faits ne semblent-ils pas indiquer que la mémoire de Sébastien Cabot l'aurait effectivement trompé? Ensuite, s'il est certain que Sébastien Cabot naquit en 1478, si l'on fait attention à ce fait parfaitement avéré qu'il était venu se mettre au service de l'Espagne avant 1525, que de 1546 à 1552 il était retourné en Angleterre où il était mort en 1557, est-il raisonnable d'admettre que déjà en 1496 ou comme d'autres le veulent, en 1494, alors qu'il était à peine âgé de 17 ou de 19 ans, on lui eût confié une expédition de cette nature? Comment expliquer encore que, ayant accompli les découvertes qu'on lui attribue, et qui vont plus loin que celles qu'il s'attribue lui-même, en 1497, découvertes qui devaient être pour l'Angleterre une véritable initiation de la voie où elle n'entra que plus tard, comment expliquer que les Portugais en 1501 et les Français en 1504 se fussent établis dans ces parages sans la moindre opposition, se fussent les premiers attribué la priorité de la découverte et le droit de souveraineté, et cela pendant la vie de Cabot même, qui se trouvait en 1528 à Lisbonne, [130] sans que ni lui,

---

[129] Vid. n. 120.

[130] En 1525 Cabot était à la frontière portugaise (Badajoz) pour décider avec d'autres marins et cosmographes si les Moluques appartenaient au Portugal ou à l'Espagne, d'après le célèbre traité de Tordesilhas: il donne par écrit son opinion en faveur de l'Espagne, le 15 avril. Dans ces interessantes negociations on étudie et on cite des cartes et des ouvrages où la découverte des Cortereal ou la domination portugaise au extreme N. de l'Amerique était indiquée; par exemple: l'édition de Ptolomée publiée en 1508 dans laquelle on lit sur une de ses cartes, le nom de terre *Corte-Realis*, donné au Labrador. Toutefois on ne voit pas que Cabot ou quelque autre y

ni le gouvernement anglais fissent la moindre objection à cette affirmation ou à ces établissements? Comment aurait-on pu en 1500, ignorer en Portugal la découverte de Cabot en 1497, alors que les rapports avec l'Angleterre étaient si suivis et que le gouvernement portugais se faisait soigneusement informer des entreprises de ce genre tentées dans les autres pays? [131] Comment aurait-il pu se faire que Paschoali, ambassadeur de Venise, rendant longuement compte de la découverte de Cortereal, rappelant le voyage romanesque des Zeno, pût négliger d'attribuer la gloire de cette découverte à ses compatriotes les Cabot?

Il n'est pas moins important de remarquer que l'expédition de Cabot ayant pour but la découverte de l'Inde par l'Occident, c'est-à-dire un but semblable à celui qui avait été atteint par Colomb, et la lettre patente de 1496 l'autorisant à conquérir les pays qu'il pourrait découvrir, aucune réclamation ne se fût élevée de la part du gouvernement espagnol qui, sur la simple nouvelle d'une expédition analogue projetée en Portugal, s'empressa d'en demander la suspension et de négocier un traité qui lui garantît les conquêtes américaines. [132] Ajoutez à cela que déjà en 1497 le Pape avait fait le fameux partage des terres à découvrir, que Henri VII avait son amitié en si grande considé-

ait fait la moindre objetion. Dans le mois l'avril de 1526 Cabot partit avec quatre vaisseaux; en 1428 il parait qu'il arriva à Lisbonne, et en 1530 il retourna à Seville à la suite d'un autre voyage, et dans un état très misérable.

«... esta somana chegou aqui hu piloto e capitão que era hydo a descobrir terra *o quoal se chama gabote*, piloto mor destes reinos *e he ho que mandou o navio que veo ter a Lisboa agora ha dous anos que trazia nova de hua tera descuberta polo rio Pereuai que dezião ser de muito ouro e prata, elle veo muy desbaratado e pobre...*» Lettre adressée par le Dr. Simão Affonso au roi du Portugal: datée de Seville, au mois d'août de 1530. Arch. royal de Lisbonne. — Varn. «Hist. do Brasil» not.

[131] Vic. de San. «Prior.»

«e não somente fazia merces a seus creados e naturaes, mas nos Reynos estrangeiros de Castella, Aragão, França, Roma e outras muytas partes, *muytas e grandes pessoas* as recebiam delle em cada hum anno muytas e grandes merces secretamente, dos quaes elle recebia muytos e grãdes avisos muy necessarios a seu serviço e estado. G. de Resende: *Chron. de D. João II*; Intr. «Virt., costumes e manhas del-rey.»

[132] Vid. n. 32.

ration qu'il alla même jusqu'à lui promettre d'affronter tous les obstacles si cela était nécessaire pour l'accompagner et le servir dans la croisade projetée alors, [133] et qu'enfin il entretenait soigneusement ses bons rapports avec la cour espagnole, l'alliance de l'Espagne étant, au dire des plus sérieux historiens anglais, celle qu'il préférait. [134] Il est facile de prouver que les réclamations au sujet des conquêtes et découvertes reposaient sur un droit commun accepté à cette époque et que l'Angleterre ne se refusait pas à les entendre et à y satisfaire. En 1481, par exemple, le roi de Portugal envoie des ambassadeurs au roi d'Angleterre pour le prier de défendre que ses sujets entreprennent une expédition en Guinée et pour obtenir qu'il commence par mettre obstacle à une expédition de ce genre que le duc de Medina-Cidonia essaye d'organiser; ce qui fut fait publiquement et officiellement. [135] Un fait semblable se reproduit en 1488 relativement à une nouvelle expédition qui y est tentée, et le roi d'Angleterre fait même arrêter la promoteur de cette expédition qui est un Portugais. [136] Disons en passant que ce n'est qu'en 1551 que les Anglais envoient une expédition en Guinée, dirigés et encouragés par un Portugais, Antoine Annes Penteado, et suivant des indications fournies par quelques Portugais demeurant à Londres. [137] Il ne serait pas non plus étonnant que des liaisons étroites existant avec l'Angleterre où, comme on le sait, résidaient de nombreux Portugais, les tentatives portugaises d'ancienne date dans la direction de l'ouest et du nord-ouest

---

[133] Hume: *The hist. of Engh.* vol. III, ed. 1812.
[134] But the Prince whose alliance Henry valued the most was Ferdinand of Arragon, whose rigorous and steady policy, always attended with sucess, had rendered him in many respects the most considerable Monarch in Europe. Hume: *The hist. of Eng.* vol. III.
[135] G. de Resende: *Chron. delRey D. João II*, cap. 33. — Hacluyt: *The eng. voy.* tom. II, p. II, ed. 1599.
[136] G. de Resende: *Chron.* cap. 73, etc.
[137] Hacluyt, *Eng. voy.* t. II; — Fruct. l. c. — Vic. de Sant. *Prior.* etc.

eussent eu quelque influence sur le projet de Cabot, projet qui ne s'explique pas d'une manière fort satisfaisante par le *simple examen de la sphère*, comme il le dit. Après le voyage supposé de 1496, le premier voyage de quelque importance qu'on attribue à Sébastien Cabot est celui de 1516 ou de 1517, c'est-à-dire vingt-et-un ans après, voyage qu'il entreprit non pour vérifier la découverte antérieure ni dans la même direction, mais pour visiter les terres découvertes depuis longtemps dans le Sud. Cependant l'idée de faire des découvertes ne l'abandonne pas ; en 1525 il entre au service de l'Espagne, ce qui ne fait pas penser que l'Angleterre attachât une grande importance à ses services passés, et en 1528 il arrive à Lisbonne en apportant la nouvelle d'une terre découverte dans le fleuve Perevai [138] comme dit un contemporain; en août 1530, suivant le même, il arrive à Séville dans un piteux etat, après une reconnaissance du Paraguay, et malgré la bonne position qu'il a acquise en Espagne, il revient en Angleterre ou il entreprena encore un voyage á la mer glaciale mais dans la direction N. E. [139] Sébastien Cabot ne pouvait ignorer que la découverte de Terre Neuve, du Labrador, du Canada, etc. avait été formellement attribuée aux Cortereal; il ne pouvait pas non plus ignorer la première exploration par les Portugais, l'écusson aux armes royales étant apposé, sur les cartes du temps, sur le dessin de ces terres, et le titre de souverain de ces terres étant donné au représentant de la famille portugaise. En outre, les cosmographes et les historiens contemporains attestent formellement la découverte et la domination portugaise et ne font aucune allusion au voyage de Cabot et à sa prétendue découverte, ou bien s'ils en parlent, comme Ramusio, c'est pour affirmer que cette découverte appartient à

---

[138] Vid. n. 130.
[139] La narration de ce voyage a été jointe au 2.d vol. de la Coll. de Ramusio, ed 1583.

Cortereal. Ramusio, par sa vaste érudition, par ses voyages, sa position officielle et surtout par sa qualité de Vénitien c'est-à-dire de compatriote des Cabot, est une autorité d'un grand poids dans cette circonstance. Il reçut des informations directes de Sébastien sur la prétendue découverte : — *come mi fu scritto gia molti anni sono, dal Signor Sebastiano Gabotto, nostro Venitiano»* — dit il, dans le *Discorso sopra il terzo volume delle navigationi et viaggi*, édition 1565 ; non seulement Ramusio en donne la priorité au navigateur portugais, mais il ne dit pas de son autorité la date du voyage de *nostro venitiano* (notre vénetien). On remarque ce même silence dans Pierre Martyr, l'ami et l'hôte de Sébastien, et dans Gomara, autre contemporain. Damião de Goes, «l'historien portugais le plus instruit, l'un des plus dignes de foi, rempli de vastes connaissances, ayant voyagé dans toute l'Europe» comme le dit fort judicieusement le vicomte de Santarem, Damião de Goes qui donne une description si fidèle des indigènes des terres découvertes qu'elle peut être confrontée avec les descriptions des voyageurs modernes, l'érudit Jérôme Osorio du livre duquel un remarquable écrivain [140] dit que *c'est un des plus beaux morceaux d'histoire de ces derniers siècles*; et enfin l'ambassadeur vénitien à Lisbonne lui-même, Paschoali, qui n'oublie pas le romanesque voyage de ses compatriotes les Zeno, sans toutefois déprécier en aucune façon la gloire de la découverte des Cortereal, aucun de ces écrivains en parlant de celle-ci, ne fait allusion à la prétendue découverte de Cabot antérieure à 1500 [141]. En 1508 on publie à Rome une

---

[140] *Fresnoy* : Meth. pour étudier l'Hist.

[141] Les écrivains portugais qui ont discuté à ce sujet, en citant Galvão à l'égard des Cortereaes ont caché que son livre parle aussi de Cabot. Ce n'est ni digne ni raisonnable. On peut, sans injustice, appeler mauvaise foi ce qui peut-être n'a été qu'une faiblesse, mais ce qui dans tous les cas est un manque d'impartialité critique. Galvão ou plutôt son livre publié six ans après sa mort parle du voyage de Sebastien Cabot, en disant qu'il partit au printemps de 1496, avec deux «caravelles» et trois cents compagnons, nombre très invraisemblable, — soit dit en passant, — que le pro-

belle édition de Ptolémée (rédigée par Bénévent et Cotta de Vérone, imprimée par Tossinus) sur une carte de laquelle le Labrador est appelé Terre de Corte-Realis. Dans la Chorographie de Sébastien de Munster, ed. Bale, 1546, le nom de *Corterrali* s'étend à Terre-Neuve. Ortelius (*Theatrum Orbis Terram 1571*) conserve la dénomination portugaise de Cortereal quoique la narration des Cabot ait déjà été publiée. Dans l'Atlas de Lazare Louis, 1563, les armes du Portugal sont gravées sur la figure représentant Terre-Neuve. La même chose se voit dans Ramusio, édition de 1565, et en même temps le savant Vénitien dit que par delà le cap de Gado, (54e) s'étend la terre jusqu'à un grand fleuve nommé le Saint-Laurent sur lequel ont navigué les Portugais. C'est encore Ramusio qui place «l'île des Morues» *ilha dos bacallaos*, — près de la Terre des Cortereal. Oviedo qui écrivit à l'époque où Cabot était au service de l'Espagne, dans les

jet de Cabot formé par suit de la découverte de Colomb et d'après l'examen d'une sphere» était d'aller aux Antilles, c'est-à-dire à la terre que Colomb avait découverte et qu'on supposait etre l'Inde, par un chemin necessairement plus court. Galvão continue en disant que Cabot a navigué pour l'Ouest, qu'il a vu terre au N. dans les 45.es ; qu'il l'a côtoyée jusqu'aux 60es, où les jours ont 18 heures et les nuits sont très claires et tranquilles, «et qu'il a retourné dans la direction du S. jusqu'aux 35.es ou «jusqu'au cap de la Floride qui est aux 25.es d'après ce qui d'autres en disaient,» parce que au Nord la côte s'inclinai a l'E. Où Galvão avait-il recueilli cette narration, si toutefois elle fut recueilli par lui ? En part elle parait etre traduite de Ramusio dont la première edition fut publiée en 1550, c'est-a-dire sept ans avant la mort de Galvão et treize ans avant la publication de son livre. Quelques pages plus loin Galvão fait pas l'histoire des Cortereal depuis 1500, non sans commettre quelques erreurs, et non seulement il n'y fait pas la moindre allusion à la prétendue découverte de Cabot en 1496 mais il donne très precisement la découverte des navigateurs portugais comme une vraie et première découverte et il rapporte, sans objection, que la région qu'ils ont découverte s'appelle encore de leur nom. Goes. Osorio, Ramusio ont avancé la même chose, et ni Ramusio, ni Gomara, ni Pierre Martyr, l'ami et l'hôte de Cabot ont fixé la date du voyage de celui-ci, ce qui est bien plus important que l'autorité plus que controuvée de Galvão. Galvão écrivait en amateur et non en veritable historien ou en profond investigateur ; il passa la plus grande partie de sa vie aux confins de l'Orient à batailler.

Toutefois je pense que pour la rédaction même du passage concernant Cabot et pour d'autres considérations on pouvait soupçonner que ce passage fut pas introduit dans le livre de Galvão par lui-même et qu'il n'etait pas dans le manuscrit original qui fut delivré à Goes. Quoi qu'il en soit la narration citée n'a qu'une médiocre importance et ne détruit aucune des objections qu'on fait au voyage de Cabot en 1496 ou en 1497.

indications cosmographiques qu'il donne dans son Liv. XXI s'appuie sur l'autorité de cosmographes portugais par rapport à la partie septentrionale de l'Amérique et y conserve les dénominations portugaises. Dans tous les ouvrages que nous venons de rapporter et dans beaucoup d'autres que nous pourrions encore citer si nous voulions élargir davantage le cadre de ce travail, la nomenclature est parfaitement portugaise ou bien montre une corruption des noms portugais, comme par exemple:

Labrador, lavrador, terra do Lavrador: — laboureur, terre du laboureur.

Terra Nova.

Terra dos Cortereaes.

Terra ou Ilha dos Bacalhaos.

Canadá.

Rio (fl.) *Nevado* (Voir Ramusio, Ortelius, etc.)

Bahia (baie) *da Serra (*Ort., près de l'embouchure du détroit nommé anjour d'hui détroit d'Hudson).

Rio (fl.) *da Tormenta* (Ort., etc.)

Ilha (île) *da Tormenta* ou *da Fortuna* (Ovied.)

Cabo (cap) *da Boa Vista.*

Monte (mont) *do Trigo.*

Ilha (île) *redonda* (43°-Ort.)

Ilha da Area (57° Ib.)

Ilha dos Cysnes.

Ilha do Caramilo (pêut-être *Caramilho:* trame, piége, dispute, harangue, ou *Caramélo:* glaçon, caramel, etc.)

Cabo de Raz ou *Razo.*

Porto (port) *das Malvas.*

Bahia das Mudas.

Cabo do Gado.

Bahia dos Gamas.

Ilha das Aves.

Cabo de Março.
Bahia da Conceição.
Detroit *d'Annian* (peut-être de *Eannes.*)
Anticosti (corruption *d'Anta da Costa,* île rocheuse à l'embouchure du Saint Laurent et que Cartier en 1534 nomma *Assomption*)

et beaucoup d'autres.

Ici se trouve un mot qui exige quelques observations, c'est le mot Canada. On connaît l'explication que l'on a prétendu donner à cette parole en disant que les indigènes d'une certaine partie de cette contrée avaient gardé dans leur mémoire la phrase tant soit peu forcée «A ca-nada» que les premiers découvreurs prononçaient et par laquelle ils voulaient dire qu'ils ne trouvaient par les mines ou le chemin qu'ils cherchaient. [142] *Canada* est un terme portugais en usage au XVe siècle, et encore aujourd'hui dans les îles, pour désigner un chemin étroit ou plutôt un chemin bordé de murs ou tracé dans un lieu désert et inconnu. Les Portugais ayant remonté le fleuve Saint-Laurent, soit qu'ils se persuadassent que c'était un canal par où ils pourraient passer en Orient (et Ramusio dit que quelques-uns le croyaient un bras de mer) soit à cause de sa configuration, lui auraient donné ce nom que les Français, obéissant au caractère de leur langue, prononcent *Canadá*, en appuyant sur la dernière syllabe. Cette idée a déjà été énoncée par un écrivain portugais et elle semble acceptable. [143] Je rapporterai aussi, mais à titre de simple curiosité, un autre fait qui expliquerait encore d'une manière différente ce mot de Canada. En 1439 ou en 1440 Denis Fernandes, navigateur portugais découvrit en Afrique un grand fleuve qui fut nommé *Çanagá*, nom qui s'étendit à la terre en-

---

[142] Viterbo : *Eluc.* etc.
[143] Mattos Correia, *l. c.*

vironnante (Sénégal) et près duquel on fit construire en 1490 une forteresse. [144] On croyait pouvoir arriver par ce fleuve et par l'intérieur des terres jusqu'à Preste Jean et parvenir à trouver la route de l'Inde, idée qui donne lieu à différentes tentatives. [145] L'embouchure de ce fleuve était nommée par les naturels Sonedech suivant Goes, Ovedech suivant Barros, et Quedec suivant Emmanuel Correia. [146] Ce ne serait peut-être pas une hypothèse trop aventurée que celle qui tendrait à faire croire que les Portugais en trouvant le fleuve Saint-Laurent auraient cru qu'ils pourraient par là trouver la route de l'Inde c'est-à-dire passer à l'ouest et que cette idée et quelque analogie géographique leur aurait rappelé le *Çanaga* découvert depuis peu et qui leur avait suggéré une idée semblable. On doit remarquer que c'est au Saint-Laurent et au confluent du Seguenai que Cartier semble avoir recueilli en 1539 le mot *Canada*. Et par une association d'idées, le confluent du Saint Laurent et d'un autre fleuve aurait pu leur rappeler le Quedec ou l'Ovedec africain et avoir donné lieu à cette dénomination de Quebec qui fut donnée à ce lieu et que porte aujourd'hui la ville élevée sur ce fleuve. Où trouve-t-on cependant cette étrange dénomination de Prima-Vista (Première Vue) que l'on dit avoir été donnée au Labrador par les Cabot? [147] Et n'est-il pas étrange que Cabot, naviguant sur des

---

[144] Barros, etc.
[145] Id.
[146] Os portugueses na Africa, Asia, etc. (F. F. de S. Luiz), etc.
[147] Quelques auteurs, Purchas, Lediard, etc., ont donné une prétendue narration de Sébastien Cabot, dans ces termes:

« *L'an de grace*, 1497, *Jean Cabot*, Vénetien et son fils Sébastien partirent de Bristol avec une flotte anglaise et découvrirent cette terre (*le Labrador*) que personne n'avait encore trouvée ; ce fut le **24** juin *sur les cinq heures de matin*. Ils l'appelérent *Prima vista* (Première vue)... »

——— Voila de la precision! Mais voila aussi qui est très different de ce que Ramusio, par exemple, rapporte, de Sebastien même. La pretendue découverte des Cabot a donné lieu aux plus singulières narrations. On l'a datée de 1494, de 1496, de 1497, de 1498, de 1516. Tout le monde s'a jugé a cet égard plus competent que Ramusio, Gomara, Pierre Martyr, que Sebastien Cabot même. On a fait de Jean Cabot, dans toutes les encyclopedies et manuels géographiques un célèbre navigateur: tou-

navires anglais et pour le compte de l'Angleterre donnât aux terres qu'il découvrait des noms italiens qui ne représentaient même pas un souvenir patriotique? Un autre nom qu'on lui attribue également, c'est celui de l'île de Saint-Jean; on s'appuie sur ce qu'il y avait abordé le jour consacré à ce saint. Cette explication servirait aussi à la découverte de Corte Real qui pendant cette journée de l'année 1500 devait se trouver déjà sur la côte nord-américaine. Mais laissant de côté cette question, je ne sache pas qu'on ait nulle part trouvé, dans la cosmographie du XV ou de XVI siècle, cette dénomination avec la forme anglaise ou italienne.

Pour ce qui est des Cortereal, nous savons qu'ayant définitivement découvert le nord de l'Amérique au moins en 1500, ils entreprirent de nouvelles expéditions l'année suivante et en 1502, expéditions qui sont continuées par ordre du roi et dont le résultat est le peuplement et l'exploration des terres découvertes. Nous savons aussi que ces découvertes donnent lieu à de

---

tefois Ramusio, Pierre Martyr, Bacon, Sebastien même n'ont dit que Jean Cabot ait navigué grand chose. Sur l'extension et l'importance de la prétendue découverte: la même confusion. Quelqu'uns en disent qu'il a apporté des indigènes; quelqu'autres; qu'il n'y a pas même débarqué. D'après quelques écrivains il a donné le nom de *bacallaos, bacalhaus* (morues) a certains poissons, parce que c'était le nom que les indigènes les donnaient. Pierre Martyr en dit qu'il appela: *bacalai* ces poissons, du nom même de les indigènes de cette terre. Il est fort singulier que cette dénomination de *bacalao, bacalhau* soit exclusive a la Peninsule iberique. aux portugais, qui pechaient déjà ces poissons en 1501, et aux espagnoles qu'ont commencé a les pêcher en 1524 (vid. Navarrete, etc.) Outre, que nous avons dans le portugais quelques mots anciens, singulierment semblables a celui-la de les poissons trouvés dans la côte du *Labrador* (Laboureur). C'est par exemple: *bacalares, baccalarios, baccalarias*, dans notre vieille technologie rustique.

Pour conclure: voilà ce que dit sur la découverte de Terre Neuve, un contemporain, découvreur lui-même. *Discorso d'vn gran capitano di mare Francese luoco dl Djeppa* (1539): Ram. vol. III—1565: «*Di quelli che hanno discoperta la terra nuoua:*

«Detta terra é scoperta da 35 anni *(1504)* in qua cio é quella parte che corre leuante & ponente p. li Brettoni & Normandi, per la qual é chiamata questa terra *il capo delli Brettoni.*

«L'altra parte che corre tramontana & mezzo di é STATO SCOPERTA PER LI PORTOGHESI dopo il capo di Ras fino al capo di buona vista.»

Rien de Cabot!

nouvelles reconnaissances, que la nouvelle s'en répand dans toute l'Europe; nous voyons que ces progrès sont clairement et sans conteste enregistrés dans la cosmographie contemporaine et qu'ils se relient même dans la cosmographie portugaise aux découvertes de Colomb et à celles de l'Amérique méridionale.

«Mr Ranke a tiré des archives de Venise une lettre qui prouve que même avant le voyage de Colomb à Honduras et à Veragua, du mois d'octobre 1501 on «savait déjà en Portugal que les terres du nord, couvertes de neiges et de glaces, étaient contigues aux Antilles et à la terre des Perroquets nouvellement trouvée. Cette terre est située à côté du Brésil.» [148]

Ce dernier fait est d'une grande importance si nous prenons en considération l'état de la science géographique à cette époque et les fausses notions qui se répandaient fréquemment au sujet des découvertes occidentales.

Le manque de temps, la précipitation forcée qui en résulte et l'humble caractère de cette lettre ne me permettent pas de l'étendre davantage. Que l'on compare ce qui vient d'être rapporté, la succession et l'authenticité des faits relatifs à la découverte portugaise des Cortereal, le témoignage insuspect et autorisé de si nombreux contemporains, la tradition positive et non interrompue, avec la soi-disant priorité du voyage des Cabot à Terre-Neuve ou au Labrador, avec cette sorte de tradition érudite de fraiche date et assise sur des bases si insuffisantes que l'un des principaux personnages même, Sébastien Cabot, hésite sur la date de ce voyage, et que l'on peut supposer que Jean Cabot, était déjà mort à cette époque d'après le témoignage de Sébastien: et l'on verra que la priorité portugaise se définit et que la science peut la sanctionner sans aucune objection. Que l'on compare également la situation de l'Angleterre en 1496 (af-

---

[148] Cit. Vic. de *Sant Rech*.

faire Perkin, invasion écossaise, etc.) avec celle du Portugal déjà largement entré dans la voie de la navigation, en proie à la fièvre des découvertes et des conquêtes, etc. Il ne serait peut-être pas trop audacieux de prétendre que la première découverte de l'extrême nord du continent américain par les Cabot n'est qu'une mystification semblable à celle des prétendues découvertes d'Améric Vespuce. [149]

Je désirais encore parler de la découverte et de la reconnaissance du continent sud américain par Cabral, Gonçalo Coelho, (du 5° au 32° lat. S.) Christophe Jacques, (jusqu'à l'entrée du détroit de Magellan) A. d'Albuquerque, F. d'Almeida, F. da Cunha, et autres, de 1500 à 1506, etc., mais je réserverai cette seconde partie pour une autre fois si dans votre bienveillante sagesse et dans votre amour de la verité vous décidez *qu'il convient de procéder à une révision générale des faits et des opinions concernant la lente et successive découverte du continent américain.*

Il me reste à vous réitérer, Messieurs, l'assurance de ma haute estime et de toute ma considération et à solliciter encore une fois votre indulgence et votre esprit de liberté scientifique pour l'insuffisance naturelle de cette communication et pour la témérité de quelques-unes des opinions qui y sont ébauchées.

Il y a quelques années la grande république américaine reconnaissait au Portugal les droits de priorité et de domination sur un point de la côte africaine occidentale; la grande république française vient de maintenir nos droits sur une partie de l'Afrique orientale. Les Français et les Américains ne seront pas moins justes lorsqu'il s'agit à peine de reconnaître dans le

---

[149] Vic de Sant: *Recherches hist. crit. et bib. sur Americ Vespusce*

domaine de la science les droits de la cosmographie et de la navigation portugaise à une partie de la gloire de la découverte du Nouveau-Monde.

Lisbonne, le 12 juillet, 1875.

ERRATUM IMPORTANT

A la page 45, note, *in fine*, au lieu de : —
1. Washington dit que ce beaufrère devait être Pedro Correa mais il n'a de notice que sur le capitaine de la Graciosa.

lisez :
1. Washington dit que ce beau-frère devait être Pedro Correia mais rien n'indique que le capitaine de la Graciosa y eût séjourné.

www.ingramcontent.com/pod-product-compliance
Lightning Source LLC
LaVergne TN
LVHW050558090426
835512LV00008B/1235